教导有方

跨界名人家教课

方亭
主编

中国妇女出版社

图书在版编目（CIP）数据

教导有方 ：跨界名人家教课 / 方亭主编 . -- 北京 ：
中国妇女出版社，2021.1
ISBN 978-7-5127-1916-3

Ⅰ . ①教… Ⅱ . ①方… Ⅲ . ①家庭教育 Ⅳ . ① G78

中国版本图书馆 CIP 数据核字（2020）第 195042 号

教导有方——跨界名人家教课

作　　者：方　亭　主编
责任编辑：李一之　闫丽春
封面设计：尚世视觉
责任印制：王卫东
出版发行：中国妇女出版社
地　　址：北京市东城区史家胡同甲 24 号　　　邮政编码：100010
电　　话：（010）65133160（发行部）　　　65133161（邮购）
网　　址：www.womenbooks.cn
法律顾问：北京市道可特律师事务所
经　　销：各地新华书店
印　　刷：北京中科印刷有限公司
开　　本：165×235　1/16
印　　张：18.25
字　　数：260 千字
版　　次：2021 年 1 月第 1 版
印　　次：2021 年 1 月第 1 次
书　　号：ISBN 978-7-5127-1916-3
定　　价：69.80 元

PREFACE

序 言

其实提笔写这篇序的初衷是，我很想把为什么做《教导有方》这档栏目，又为什么会将节目内容集结成书告诉大家。自从《教导有方》节目开播以来，很多观众给节目组留言或来信，大部分来自于家长，还有的来自于学校的老师。大家反映，节目中讨论的话题在教育孩子的过程中，很实用，问我能不能再说多一点，说深一些；有很多学校的老师和教育界的先行者也建议我把节目里的内容整理成册，让更多的家长可以系统地看一看。所以我们整理了节目的内容，并且请来相关教育专家额外补充了相应内容的案例和点评。这就是此书的由来。

我的心愿

自从开始做教育节目以来，不少朋友问我："方亭，你是不是改行了？越来越少看到你播新闻了，每次看到你都是在说教育，感觉像个教育者了。"听大家这么问，我心里还挺高兴的。其实我还在做主持人的老本行，只不过现在做的事，是把传媒平台这个形式和教育的内容搭在了一起，算是做一个教育宣传的桥梁。说到这儿，我想特别向参与《教导有方》节目的所有嘉宾表达我的感谢。所有嘉宾都拿出了自己宝贵的时间，并做了认真的准备，把自己认为最好的教育理念和大家共同分享。对此，我深深感恩。

话说回来，关于为什么现在做教育节目，还缘于我一直以来的一个心愿。我从小有两个理想，一个是成为一名主持人，另一个就是成为一名儿童教育家。所以真的非常感恩现在做的事，可以把自己曾经的两个理想结合在一起。因为我小时候也遇到过很多教育方面的问题，很多时候都觉得无助和苦恼。我记得特别清楚，上初中的时候，有一次我一口气跑到新华书店买了十几本关于儿童教育心理学方面的书，回来看完了之后，还和爸爸妈妈商量："你们可不可以这样教我？"（那个时候，要是有一档《教导有方》这样的节目该有多好啊，我就可以和爸爸妈妈一起看了，哈哈！）可能从那个时候开始，我就特别希望能有这样一个平台，书本也好，节目也好，希望能告诉更多的人，如何用正确的教育观念对待我们的孩子。非常幸运的是，现如今，我有一个机会，能够通过我的专长，把教育理念传播出去，不仅成为一个文化的传播者，也成为教育的播种者。

忠于初心

将想法化作现实并不是一念即成的，在制作《教导有方》节目期间，由于刚从主持人转型成为制作人，面临很多挑战，也曾累到在家大哭。但无论怎样，我和团队都有一个默契，就是我们的节目不为博眼球，不求收视率，只为呈现最有价值的教育内容。所以在《教导有方》节目中，基本上看不到我们谈论那些让孩子提高考分的方法，没有如何高效地背公式技巧……每期的话题更多的是在讲述与人生及成长有关的事。比如，如何面对挫折，如何做一个赢在未来的人，再比如，怎样才能不做分数的奴隶，等等。对于每一个看似简单的话题，我们都会和团队一起反复打磨，从节目的内容、舞美到后期的编辑呈现，都是团队300多位工作人员共同的心血，其中的艰辛不言而喻。

录制节目的时候，大家都有一个共同的心愿，我们说的话题一定要真切，要打动人，我们希望如果有10万观众收看节目，最后哪怕只对其中的100个家庭产生影响，也是莫大的善事啊，大家也正是凭借着这样的信念坚持了下来。节目播出后，当我们听到看过我们节目的观众都会乐于把我们的节目分享给身边的人，因为他们觉得《教导有方》适合每一位家长去看，并学着去做的时候，我们觉得一切的辛苦都值得了。

心愿寄语

我希望《教导有方》可以成为一种声音，这个声音会一直伴随在每个家长的育儿路上；这个声音也可以让教育者们真正弯下腰，倾听孩子的心声。我们现在把《教导有方》里的教育观点整理成书，希望有更多的父母可以阅读，从书中感受教育的力量，感受爱的温度。我们也想给所有的父母以信心：虽然父母没有“上岗证”，但教育是大家一起学习，也是终身学习的过程。节目和书，我们都会一直做下去，出下去，第二季、第三季……希望我们的内容能伴随大家在育儿路上一同成长。有任何问题，也欢迎大家在《教导有方》的微博或者我的个人微博上一起交流。

我们节目的嘉宾孔祥东老师曾说，“教育人都是活菩萨”。让我们——所有的父母和教育者们，带着满满的爱，一同出发。

方亭

2020.11

CONTENTS

目 录

1 要陪伴而非陪读

——与张悦颖对谈

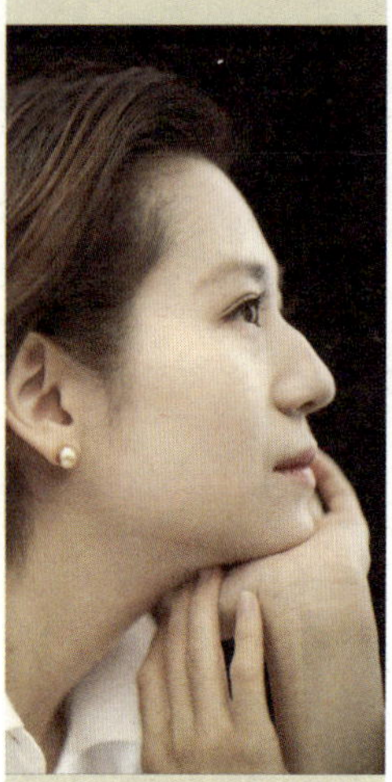

方亭说

我们常说，没有人天生就是合格的父母，我们都在为拿到那个合格的父母“上岗证”而努力着。我记得《请回答1988》中有一句话特别地打动我：“爸爸也不是一生下来就是爸爸，爸爸也是第一次当爸爸，所以请女儿稍微体谅一下。”

养育是一段富有诗意的修行，养的是孩子，修的却是我们自己。

在与孩子共同成长的过程中，他们就像一面镜子，给了我们重新审视自身的机会，让我们可以成为更好的自己。也唯有如此，我们才能够成为更好的父母吧。

愿你我都能够和孩子一起枕肩蜜语、无忧无虑，也愿我们都能够用最朴实的心境和孩子一起长大。

星空演讲

今天我想跟大家分享的主题词是——共同成长。

我们常常听到家长们说这样一句话：“有了孩子之后对我也是一种磨炼，我要做得更好，成为他的榜样。”也许从不早起的你有了孩子之后，会早起为他准备一份早餐；也许在孩子写作业的时候，平时经常抱着手机的你会放下手机，拿起书本陪着他一起读书。在这个时候你有没有感叹，孩子让我们成为更好的自己！

我有一个朋友，和很多普通的家长一样，平时上班也非常忙，和孩子相处的时间很少，怎么办呢？为了能够多一些和孩子交流的时间，他每天早上都坚持步行，和孩子一起上学，他们会用这半个小时的时间天南地北地聊。

孩子的成长只有一次，和他们一起成长既是一种责任，也是一种幸福。

今天我们请来的嘉宾，她用20多年的青春换来孩子们的灿烂未来，她相信教育就是让孩子们学会思考、自由探索，成为更好的自己。她是上海市特级校长，她是走在教育前列的实践者，上海市世界外国语小学校长——张悦颖。

张悦颖

上海市世界外国语小学校长、党支部书记，上海市徐汇区康健外国语实验小学校长，世外教育集团副总裁。教育硕士，正高级教师，上海市特级校长。曾获得“上海市德育先进工作者”“上海市巾帼标兵”等诸多荣誉称号，上海市园丁奖获得者。

中国教育学会小学教育专业委员会理事，教育部中小学名校长领航班成员及领航工程“张悦颖校长工作室”主持人，上海市“义务教育项目化学习三年行动计划”专家，北京十一学校联盟校课程顾问，常州校长高研班导师。主译《设计·制作·游戏——培养下一代STEM创新者》一书，主编《小学STEM教育实践路径与方法》《跨学科的项目化学习》等书籍。

要陪伴而非陪读

张悦颖星空演讲

各位朋友大家好，开学的时候有位家长对我说：“校长，我今年去一所知名学府，你知道我遇到谁了吗？遇到了你以前教的那个孩子，你还记得吗？就是几乎所有的学科都要被老师留下来补缺补差的，就是所谓的‘后进生’的那个。他现在可是拿着全额奖学金，在那里读博士呢！而且是属于伙伴们眼中偶像派的‘学霸’。”

最后，他感慨地和我说，多亏那孩子有个好妈妈。其实根据学校对毕业生的追踪和调查，这样的案例并不少见。今天我们就从学校的角度来看一看，什么样的家庭教育才能让孩子走得更远。

什么样的家庭教育才能让孩子走得更远

首先我们来聊一聊，如何定义孩子的成功。是把他的成功定义在当下，比如，能进一所好的小学，或者说能进一所理想的中学，他就成功了，反之就失败了，还是把他的成功定义在未来，看他未来能够成为一个什么样的人？

如果我们把成功定义在眼前，我们基本上会形成一种叫“清单式”的育儿方式。我举个例子，比如，我希望我的孩子能够进入某某中学学习，所以我需要把他在小学六年里所要做的事情列成一张计划表，包括每天需要做什么样的作业，每一次考试需要得到什么样的成绩，双休日需要去哪些辅导班，六年里还要当上什么队长，获得什么样的荣誉，等等。

“清单式”的育儿方式会让父母变得焦虑

在这样一种“清单式”的育儿方式中，家长会处于一种什么样的状态呢？家长会处于一种非常微观和焦虑的状态之中，会为孩子的每一件事情权衡和纠结。

“清单式”的父母身上还会有一种什么现象产生？他们喜欢比较。首先，他们会和自己比，常说的就是“我们那时读书是多么自觉，成绩是多么好，我和你爸爸都是‘学霸’呀，你怎么一点都不像我们呀”。有时和班级的其他同学比较，认为别人家的孩子都是“牛娃”，自己的孩子如果没有达到他们计划中的目标，就觉得自己的孩子见不得人，但当自己的孩子获得一些成绩后，便又迫不及待地拿出去炫耀。

我看到过一个男孩，见到妈妈的第一个动作是从书包里拿出一张试卷对妈妈说：“妈妈，你看这次我全做对了，来拍个照发朋友圈吧。”这会让孩子觉得，自打他读书以后，妈妈爱的就不是他了，妈妈爱的是他的成绩。所以我们讲，把成功定义在眼前，就是把孩子的人生看作一场短跑。短跑的特点是什么？全程都要冲刺，你不能停下来，你也不能失败，父母和孩子都处于一种非常紧张的、紧绷的焦虑

东方卫视
教导有方
相较于学习的计划和目标，学习的习惯更重要；
相较于我们学习的结果，学习的过程更重要；
相较于我们眼前的利益，长远的未来更重要。

东方卫视
教导有方
一定要秉承“爱而有原则，
和善而坚定”的教育态度。

东方卫视
教导有方
在与孩子共同成长的过程中，
他们就像一面镜子，
给了我们重新审视自身的机会，
让我们可以成为更好的自己。

东方卫视
教导有方
陪伴孩子顺利地度过他人生的不同时期，
是每个父母应尽的责任。

东方卫视
教导有方
养育是一段富有诗意的修行，
养的是孩子，修的却是我们自己。

东方卫视
教导有方
教育的最终的价值，
它并不是在于你记住了多少东西，
而是培养他训练他一颗会思考的头脑。

不安的状态。久而久之，孩子要么就是抑郁，不愿意和别人交流，要么会变得非常易怒和暴躁。有时候孩子还会变得磨蹭，甚至还喜欢撒谎。

着眼未来，家庭教育才能轻松

如果我们把成功定义在未来，问你你希望孩子在35岁时是什么样子的，那时候你关注的就不一定是成绩，也不一定关注他从哪所学校毕业了。你会希望孩子性格要好，身体、心理都要健康，会希望孩子有能力过幸福的生活。如果我们将孩子的成功定义在未来，就不会为眼前这些事情去纠结，你会把孩子的人生看作一场马拉松，它有张有弛，允许失败，也允许停顿。

一次做不好没有关系，没有进入某所理想的小学也没有关系。想让孩子在未来获得成功，首先我们要拥有非常正确的教育理念和态度，然后要有比较好的教育方法。有位爸爸问我："校长，要进你们学校是不是都需要爸爸陪着？我很忙的，我可没时间陪着他。如果是这样我就不选择你们学校了。"我和他说："无论你进哪所学校，爸爸都是要陪着的。**因为陪伴孩子顺利地度过他人生的不同时期，是父母应尽的责任。**"

我们这里讲的"陪"是陪伴，不能狭隘地将其理解为陪读，也不仅仅指时间上的付出，更要讲究陪伴的质量。我们在陪孩子的过程中，可以做些什么呢？

首先，我们可以经常和孩子进行交流。每天的晚餐时间是父母和孩子相对完整的相处时间，这期间我们可以事先和孩子确立一个话题来聊天。可以不仅是关于学习的，各种话题都可以聊，家庭成员都可以发表自己的意见。时间长了你会发现，孩子能够倾听别人说话，容易采纳别人的意见，而且他的口头表达能力越来越好，他的视野也拓宽了。

其次，父母陪伴孩子的过程也是帮助孩子形成良好的学习习惯的机会。好的学习习惯，对孩子未来的学习是非常有帮助的。我们在帮孩子养成诸如“每天阅读”或者“先做作业后玩耍”等学习习惯的时候，教的不仅仅是方法，最重要的是让孩子看到父母的耐心和坚持。因为父母陪同孩子成长的过程，就是不断改变自己、纠正自己和控制自己的过程。学习习惯的培养不是一蹴而就的，在这个过程中你会和他有很多磨合，孩子还会出现反复。所以父母一定要抱着什么样的态度呢？就是**爱而有原则、和善却坚定。**养成了好的学习习惯，对孩子的未来是很有帮助的。

再次，父母要引导孩子学会运用良好的学习方法。教育的最终价值，不在于让孩子记住许多知识，而是培养、训练他拥有一颗会思考的头脑。特别是孩子在幼儿园以及小学阶段时，因为这时候作业量相对来说还比较少，可以鼓励他们用一种研究式的方法去探索未知和解决问题，鼓励孩子自己去制订计划，去尝试错误，去实验，去反思和纠正，鼓励他们像科学家那样去探索未知，像工程师解决问题那样去学习。这就是磨刀的功夫。

父母要鼓励孩子用探究式的学习方法获得知识

家长千万不要觉得这些探究式的方法耗费时间，或者因为运用这些探究式的方法看不到眼前利益而剥夺孩子探索的自由。**相较于学习的计划和目标，学习的习惯更重要；相较于学习的结果，学习的过程更重要；相较于眼前的利益，长远的未来更重要。**

最后，希望家校能够携手，让每一个孩子都能成为最好的自己，谢谢大家。

嘉宾对谈

访谈嘉宾：黄荣楠

学生家长，知名律师。

方亭：谢谢张校长刚才的分享。我们看到刚才在您分享的时候，现场有很多家长都在频频点头，觉得这就是发生在我们身边的事。张校长给了家长们很多的启示，今天我们同样也非常欢迎世外（上海市世界外国语小学）的学生家长黄先生来到我们的现场，和我们一起来探讨一下有关孩子教育的问题。

我们发现，像您刚才在演讲中所说的，有些家长就做得很好。他用一部分的时间来陪伴孩子，但是也保留了很多自己的工作时间、自己的生活，您有没有什么例子来和我们分享呢？

张悦颖：现在大家的工作节奏都非常快，有的家长真的是很少有时间待在家里，因为如果他要经常出差的话，确实比较难陪伴孩子。其实陪伴有各种各样的方式，主要是让孩子感觉到你是关心他、爱他的，有这样的爱的传递就可以了。

我举个例子，我们学校曾经有一个来自中国台湾地区的爸爸，他从他女儿读小学的第一天起，就开始给女儿写爱心便条。有的便条是鼓励女儿，有的便条是开导女儿，有的便条叫“静心便条”，就是当父母意见不一致或者和孩子意见不一致的时候，他会说：“我们现在先冷静一段时间，然后再交流。”有时候这位爸爸在自己的工作上遇到问题时，也会和女儿商量，他在出差前会把便条塞在女儿的枕头底下。我们发现这件事情的时候，孩子上小学四年级，当时已经累积了1200多张爱心便条，没有一天是间断的，所以这也是一种陪伴的方式，而不仅仅是形式上的“我在你身边，我把时间给你”。

方亭：其实听到关于便条的这个例子时，我们的内心会觉得特别感动。我们也收集了一些刚才您说的这位爸爸给孩子留的便条，请大家一起来看一看这些字条当中的一部分。

我们看到有一张上写的是“今天我们要检验学习成果了，你准备好了吗”，还有“谢谢我最宝贝的女儿，给了爸爸一个很好的父亲节”“爸爸知道你今天被误会而发生了不愉快的经历，爸爸当然很心疼，但是爸爸相信在成长的过程中，这样的经历是在所难免的”……每张字条似乎都充满了暖暖的爱意。

张悦颖：是的，我觉得坚持不容易。写一两张字条很容易，要坚持4年写1200多张却不容易啊。所以我把这个例子讲给很多家长听，我希望当他们和孩子在时空上有比较大的距离的时候，能用这样的方式和孩子交流。它其实是一种爱的交流。

方亭：其实不管父母用什么样的方式跟孩子在一起，只要能够让孩子感觉到“我是爱你的，我是关心你的”，只要传递出这个重要的信息就可以了。

有的时候家长陪着孩子，看似是坐在孩子旁边，可能更多的时候是坐在他旁边玩手机。像这种陪伴就是无效的陪伴，反而是不好的例子。

张悦颖：无论你怎样陪伴孩子，你都要让他感觉到，整个家庭或者说家庭的所有成员的关系是温暖而亲密的。

这会让孩子有什么感觉？这会培养他的幸福感和安全感，这对孩子未来的身心健康发展是非常重要的，能够助推他获得成功。

温暖和亲密的家庭关系对孩子的成长至关重要

方亭：这个孩子现在多大了？

张悦颖：现在已经上初中了。她的善端完全被爸爸激发了出来，她现在也会用这样的方式回应爸爸。比如，她有时候会给爸爸写便条说“你辛苦了”，也会帮助其他同学解决问题。

方亭：黄爸爸呢，平时你跟孩子是怎么交流的呢？

父母如何跟孩子有效沟通

黄荣楠：当我和我的女儿交流的时候，我觉得要从生活中的点滴，从能够启发她思考的角度来交流，千万不要去给她灌输些什么，这样孩子才更容易接受。

比如，最近在朋友圈里面看到很多人在玩那个会换脸的“ZAO”软件。软件出来之后，我的女儿很感兴趣，跟我说：“爸爸，我也要把我的脸拼上去。”我就问她：“宝宝，你觉得你玩这个APP（应用程序）会有问题吗？”她说：“没问题啊，我就和其他玩这个的同学一样，拍一张照片上传，然后就会变到好玩的电影里面去。有什么问题呢？”我又跟她说：“宝宝，你觉得你的照片传给一个陌生的公司会不会有问题？”接下来我继续启发她，我说：“爸爸手机有时候要关联一张银行卡，你也看到，爸爸老是冲着手机左转、右转、睁眼、张嘴，你说为什么呢？因为你不到柜台上去办理业务，银行要通过手机看到网上办理业务的是否是你自己。”所以我告诉女儿，照片是反映一个人特征的非常重要的信息，如果你把你的照片随意地上传到一个陌生的网站，一旦有黑客攻破了那个公司的数据库，那你的生物特征就会被别人知道，就会不安全。

父母应该引导孩子领悟道理，避免说教

这件事情，就像我跟孩子交流了一个非常复杂的法律问题：什么是你的肖像，什么是人的生物特征。她听了之后会觉得很自然，没觉得我在说教，所以她想了想之后就觉得“原来是这样，那我就不上传照片了”。

方亭：黄爸爸的做法是很值得家长借鉴的。其实你并没有直接说

“你不可以这样”或者“你不要拍”，而是慢慢地跟孩子讲了一个道理，然后把选择权留给了她。

黄荣楠：对。

父母与孩子沟通的话题不要仅限于学习

张悦颖：这其实就是讲我们陪伴孩子时可以聊什么。话题要不仅限于成绩或者学习。因为现在我们身边会发生很多新鲜的事情，有些是家长都没有碰到过的事情。这时候我们就可以抓住这样的契机，用这样的话题切入，孩子就很容易接受，然后再聊聊它背后到底蕴含着什么样的奥秘。

方亭：其实现在学校里面有各种各样的课程，我知道世外小学有很多这种素质拓展课程，比如，怎样拿废旧的纸箱来做机器人等。学校为什么要设置这样的素质拓展课程呢？

小学生素质拓展课程有什么用

张悦颖：主要是学校现在也有很多改革。其实学校都希望孩子眼前的利益能实现，就是学习成绩要好，把孩子应对未来的各种能力也培养起来，所以“眼前”和“长远”没有一头可以放弃。

学校把这样的作业布置下去，家长可能只看到了其中的一部分，比如要做一个机器人。从学校的角度来看，这可能是一项长期的作业，在学校完成一部分，在家里完成一部分。我认为这样的作业不会很多，但是一旦有了这样的作业，家长一定要支持学校。可是很多家长是不支持的，为什么？太耗时间了！整个晚上，孩子剪来剪去只剪了一个机器人，但做得丑，还得再做一个，很耗时间。不如父母直接来做，或者由爷爷奶奶、外公外婆来做，让孩子去学习，再去做一张卷子吧，就是这样。还有的家长有一种心理状态就是，和别人家比起来，自己孩子做的这个东西太简陋了，所以家长会忍不住越俎代庖。

好的学习方法来自父母对孩子幼儿时期的启蒙

一个孩子有好奇心，他善于提问，或者说善于思考和探究，这样的习惯来自哪里呢？来自家长对孩子幼儿时期的启蒙。所以，在幼儿时期要特别鼓励孩子多去体验生活、多观察、多提问，这是非常好的。而不是让孩子在家里多认几个字、多做几道数学题，那就没有实际意义了。在这个阶段养成的习惯，对孩子未来发展会很有帮助，要不断地开拓孩子的各种能力。

从简单的生活现象中探索知识

通过生活中的各种现象、各种话题都可以确定出探究的小主题。比如，今天让孩子和爸爸一起烧个菜，为什么这个菜先变黄了呀？是不是起化学反应了？都可以让孩子去探究一下。包括带孩子出去旅游时，真的不是好吃好喝地供着孩子，你要让孩子确定这次旅游需要干一件什么事情。

方亭：对。其实很多知识就在我们的生活当中，我们更多的是要去引导孩子，而不是直接告诉孩子答案，说这道题应该是什么样子的。

我们经常说孩子就是家长的一面镜子，我们可以从孩子的行为中看到自己，我们也会因为有了孩子而让自己做得更好。家长要做孩子的榜样，那么有没有这方面的例子来跟我们分享呢？

父母如何做好孩子的榜样

黄荣楠：我觉得养成好的学习习惯真的是家长和孩子共同努力的过程。家长做不到，却让孩子去做到，这几乎是没有可能的。

现在孩子学习时毕竟要在书桌前坐很长时间，孩子也挺不容易的，那么怎么才能让她坐得住呢？我觉得家长以身作则就很重要。如果我们的陪伴只是孩子在做作业，我们在旁边看手机，孩子肯定是做不好功课的。

当我在书房里打开电脑的时候，孩子在另一个房间做功课，当她做了三刻钟或者一个小时后，她一定会出来偷偷地看看我在干吗，看看爸爸是不是还在“做功课”。为什么呢？因为我会监督她，她在做功课的时候我会去看她的平板电脑，看她是在做作业，还是在看其他的东西，或者在玩游戏。那她就会“以其人之道，还治其人之身”，也会来偷看我。一开始，我也会偷偷地玩一会儿游戏，看看会不会被她发现。如果被她发现了，她就很不高兴，说爸爸也在玩游戏，为什么她不能玩。后来我知道了，我要玩游戏绝对不能在家里玩，因此当我把电脑打开的时候，要么做我的工作，要么看一些电子书籍。因此不论孩子什么时候来监督我，我基本上要么在工作，要么在阅读。这个时候她就会很自觉地悄悄回房间去，把书本打开继续学习。

张悦颖：最能够起到榜样示范作用的，就是阅读习惯的培养。怎么培养阅读习惯？小学阶段每天最恰当的就是阅读20～30分钟。

方亭：今天我们讲了很多关于如何教育孩子，和孩子一起成长、一起交流的话题，我想现场的观众一定也有很多问题，可以举手跟我示意。

对待孩子的学业，父母需要共同学习吗

戴眼镜的家长：我儿子今年上小学一年级，以我现在的知识储备辅导他，和他交流学业，基本没有问题。但是我看过我很多朋友孩子的初中、高中的作业，其中有很多题目我都没法做，将来要如何去辅导他，如何跟他沟通学业呢？

张悦颖：陪伴不是陪读。意思就是，不是所有的作业都要由家长来指导，因为这个主要还是学校老师的职责。总有一个阶段是你无法指导他的。

家长要与时俱进，并不是指你在辅导孩子作业这个方面，而是在讲终身学习的能力。知识是以几何级的速度在增长的，技术更新也非常快，可能你今天还从事的这个职业，几年以后就消失了。不学习你都无法生存和发展，更别说你的孩子了。所以你要让孩子感觉到你也

在不断地学习，这对他是有帮助的。

最后我还是觉得家长不用太焦虑。越是焦虑，你对孩子的态度越是急躁。如果你觉得自己的知识储备跟不上，怎么办？读书。阅读习惯为什么重要？就是能让你跟随伟人和大师的智慧。书籍可以让人类走得更远。

方亭：谢谢二位今天的分享，让我们知道了家长要做孩子的榜样，我们要跟孩子共同成长。谢谢张校长、谢谢黄爸爸给我们带来这么多好的观点。

专家点评

采用“清单式”的育儿方式会让父母变得微观，即只关注孩子当下的学习成绩而忽视了孩子的全面发展。只有着眼未来，家庭教育才能变得轻松且更加有意义。

“陪读式”的家长具有以下特征：一是急功近利，只关注学习成绩而忽视了孩子的全面发展，只关注近期表现而忽视了长远发展；二是求全责备，总是要求孩子在各个方面都比其他孩子做得更好；三是强制灌输，总是把自己认为的“应该怎样”和“不能怎样”强加于孩子身上，要求他们必须做到。长此以往，父母的急躁情绪就会在陪伴中传递给孩子，造成负面影响，效果却适得其反。

父母陪伴的过程也是孩子形成良好学习习惯的机会，父母要引导孩子学会掌握和运用良好的学习方法，良好的学习习惯来自父母对孩子幼儿时期的启蒙。父母要鼓励孩子用探究式的学习方式获得知识，教育的最终价值不在于让孩子记住多少知识，而是培养和训练他拥有一颗会思考的头脑。

要克服“陪读”问题，建议父母采取以下做法：

1. 调整好自己的心态，善于发现孩子的优点与优势，并积极鼓励孩子，发展与孩子之间良好的亲子关系。

点评专家：卢会志

华东师范大学心理学博士，复旦大学社会学博士后。上海12355中心理事，上海青年管理干部学院（上海师范大学青年学院、上海团校）青少年工作系主任、副教授，中国心理学会心理学普及工作委员会委员，上海心理学会心理咨询与心理治疗专业委员会秘书长。

2. 引导孩子形成良好的学习习惯，培养孩子的自我管理能力。

3. 善于运用启发引导策略，鼓励孩子独立探索未知世界，自觉感悟生活的意义和人生的真谛。

总之，父母要在陪伴中与孩子共同成长。

案例分析

不少家长都有陪娃写作业或陪读的经历，也因此而出现了很多矛盾。徐女士最近来电反映，女儿正上小学三年级，放学后写作业一定要在家长的监督下完成，如果没有人看着写作业，就磨磨蹭蹭的，恨不得教一题写一题，如果教不会家长又很生气，导致矛盾升级。面对这种情况该怎么处理呢？这种陪着孩子写作业的方法可取吗？

家长习题：

1. 孩子做作业磨蹭的原因是什么？有哪些因素影响孩子专心做作业？

2. 有没有家长不监督而孩子自觉写作业的情况？家长不在时，孩子是怎么完成学习任务的？

3. 如果不盯着孩子写作业会怎么样？

解决策略：

首先，找到“问题”的根源。孩子做作业磨蹭，可能是因为作业难度大，孩子不愿面对或者能力不够；可能是因为孩子的时间知觉尚未成熟，缺乏时间概念和管理规划能力；可能是“诱惑”太多，注意力容易被分散；可能是因为一直被盯着，担心出错反而无从下笔；可能是觉得完成作业之后有更多的习题等着自己，倒不如慢慢做……搞清是哪些因素影响孩子的学习效率，才能有针对性地帮助孩子。比如，调整学习目标，通过相应的工具提升时间管理能力，营造安静而专注的环境，给予孩子一部分自由时间等。

其次，戴上积极的“眼镜”。家长可以想一想，自己不在时孩子是怎么完成学习任务的？如果不教，孩子是不是就完全不会写？看到孩子做到的、做得好的地方，要表扬孩子，他才会更愿意去做。家长也要学会“容慢”“容错”，“慢”可能是他在思考，“错”可能是他学习的机会。总想第一时间纠错，学习效果未必理想。研究表明，把对孩子学习成果的反馈延迟一段时间，会更利于孩子的新知识形成长期记忆，学习效果也更好。

最后，保持合适的“距离”。家长需要陪伴孩子，但并不需要全程紧盯，这反而会使孩子的注意力分散，影响作业进度。同样，反复催促也不可取，如果一种刺激过多发生，就容易引起孩子的反感，使作业进度变得越催越慢。当父母看着孩子或者开口教育时，孩子满脑子的害怕、担心，知识仿佛也被“冻住”了。要给予孩子一定的自由空间和连贯的思考时间，让孩子学会为自己负责。毕竟，学习是孩子自己的事情，把成长的权利还给孩子，他们才会有更多的积极性和自主性。

（上海12355心理咨询师　姚项哲惠）

2

父母是孩子永远的朋友

——与孔祥东对谈

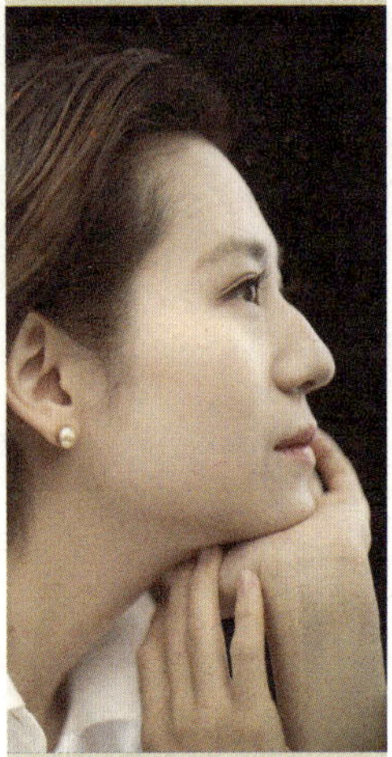

方亭说

人们常说，幸福的人用童年治愈一生。听到这句话的时候，我想请大家闭上双眼，我们似乎能够看到这样的画面：你跌倒时，父母关切地询问；你气馁时，他们在背后默默地鼓励；你骄傲时，有那甜蜜的小小的警示。我想这就是幸福该有的画面。

父母用爱为你呵护周全，也教会了你如何用爱去表达、用心去沟通。不论是父母还是孩子，请不要吝啬你的爱。学会表达你的爱，让坚定的目光、温暖的拥抱、真挚的话语化作音符滋润彼此的心田，也可以抱一抱对方，说一声“我爱你”。

星空演讲

今天我想跟大家分享的主题词是——爱与交流。

在生活中，我们每天都需要交流，有语言的，有肢体的，有文字的，有表情的，交流是我们和他人沟通的桥梁。那么什么才是最好的交流呢？我想它不仅仅在于文字本身，更多的在于它想表达的内在意义，它是有爱的、有温度的。我们有时候会和孩子说，“你真棒，再接再厉”，这是语言的交流；我们看到久违的父母时，想给他们一个大大的拥抱，这是肢体的交流；当你突然觉得人生濒临绝境、失落低沉时，别人的一句“我懂你”“我帮你”“我爱你”，一定会让你重新看到生命的阳光，我想，这就是语言的力量，这就是爱与沟通的含义。

今天我们请来的这位嘉宾，他用音乐和大众交流，他用爱与亲人交流，他用十指为中国叩响了国际钢琴领域的大门，他的音乐被誉为最为激动人心的旋律。他是一位不凡的钢琴家，他也是一位平凡的父亲，他就是我们今天请来的星空演讲的主讲人，著名的钢琴艺术家——孔祥东。

孔祥东

著名钢琴艺术家、国际互动创意者、公益慈善环保热衷者、孔祥东音乐机构创办者，被西方媒体盛赞为“一个世纪只能出一到两个，真正能激动人心的天才钢琴家”和“一代天之骄子”。与意大利作曲家乔治奥·莫若德尔携手合作创作了2008年奥运歌曲《永远的朋友》（*Forever Friends*）。

孔祥东说：“音乐是灵魂的语言。”

他是一位把学习视为快乐源泉，认为有趣比有用更重要的互联网时代的新型学习者；他是一位把音乐视为人类共同信仰，认为“音乐是我们心灵唯一创可贴”的音乐“传教士”；他是一位曾创办了国内最大音乐艺术教育机构并主动肩负起中国钢琴艺术普及重任的音乐教育家；他是一位实践着凭借科技追求“每个人都是天生音乐家”梦想的新媒体音乐文化倡导者。

父母是孩子永远的朋友

孔祥东星空演讲

大家好，我是孔祥东。

大家都知道我是个钢琴演奏家。在所有人心目中，好像艺术家都是不食人间烟火的，我也确实很少在媒体中提及我的私人生活，尤其是我跟我孩子的交往。

父母要做孩子永远的朋友

其实我在26岁的时候就结婚了，我的孩子在那年出生。算起来她今年已经26岁了，在这过去的26年中，随着孩子的成长，我也在成长，但这个成长并不是一帆风顺的。其实父母应该做孩子永远的朋友，当我们深深领悟到生命是一次一去不回头的旅程的时候，当我们从人生的真谛中领悟到我们的生命是没有结束的，是可以在我们孩子身上得到延伸和再续的时候，我们就知道**我们的孩子不是小孩，而是我们终生最好的伴侣。**

平等，是和孩子做朋友的开端

平等，就是这样一种友谊的开始。听了我的孩子对我的称呼，大家一定会很吃惊，她叫我“猡猪”。我听到现场有观众笑了，“猡猪”，顾名思义就是“猪猡”反过来的说法。可能在国内的家长不太能接受，但作为一个出生在美国的孩子，我觉得她所有的一切都是伴随着童话世界，尤其是动漫人物一起成长的，所以她对我的称谓我不但不反对，反而非常喜爱，甚至热爱。我就顶着这个“猡猪”的名称，跟她“交往”了26年，我非常期待这个名称能够伴随着我的余生跟她一起走过。

在我14岁的时候，我的父母离异了；在我30岁的时候，我自己离异了。**离异家庭的孩子，更需要我们给他多一点爱。**有的时候你需要扮演父亲、母亲两个角色，因此更应该成为孩子最贴心的朋友。如果要问我这一生最愧疚的是什么，我必须承认，我没有扮演好丈夫和父亲的角色。但我同时告诉自己，只要自己还有一口气，只要自己还活着，我一定用我能想象到的所有努力去帮助孩子来治愈她心灵上的苦痛。尽管这个苦痛其实是很难弥补的，但是对我来说，我现在还在路上，还在继续努力。

陪伴，是和孩子做朋友的基础

由于我在中国，孩子在美国，我们并不是每天在一起的，所以陪伴并不是“日夜相守”这样的概念。但是我几乎每天都会给女儿发E-mail（电子邮件），我知道她学习很忙，有时候她不理我，但是这个不重要，重要的是我一直坚持在做，经常会让她感动。这种感动就很可能成为未来某个时间她心灵中的一种震撼，让她知道原来这个爸爸对她还是不错的。所以我不停地给她写E-mail，我每天看到好看的照片会发给

东方卫视
教导有方
最好的交流它不仅仅在于文字的本身，
更多的在于它想表达的内在意义。

东方卫视
教导有方
一个人活到50岁，
还有一个老妈在旁边指指点点、
评头论足，这是很幸福的。

东方卫视
教导有方
父母用爱为我们呵护周全，也教会了
我们如何用爱去表达，用心去沟通。

东方卫视
教导有方
上苍赐予你孩子，那就是对你最大的恩
典，他给了你孩子，就是给你第二次再
去学习机会的可能。

东方卫视
教导有方
很多时候我们跟亲人都是一个情感的连
接，我们从事各行各业，但我们的爱是
一样的，我们的沟通交流都是温暖的。

东方卫视
教导有方
我女儿升华了我对音乐的理解，让
音乐化为爱，成为人的心灵的药，
而不只是赏听的工具。

她，我看到好玩的APP（应用程序）会分享给她，有时候甚至有一段自己录的很可爱的视频，我也不怕丑陋，我说："这是来自'猡猪'的视频，你喜欢吗？"

纵然我是一个在舞台上光芒万丈的人，我有时候享受掌声和鲜花，享受很多荣誉，但是此刻在女儿面前，她让我恢复了平凡，让我知道原来作为人父有如此丰富的幸福感。我常对身边的朋友说，**上苍赐予你孩子，就是对你最大的恩典啊！它给了你孩子，就是给你第二次再去学习的可能。**

共同进步，是和孩子做朋友的延伸

我曾经有将近八九年的时间，不断受到情绪的干扰，我的体重也一下子达到过200多斤。我是怎么恢复过来的呢？在这个过程中，我女儿给了我很大的鼓励，几乎每一次挂电话前，她总会说一句话："你要乖。"我觉得好幸福，在她的世界里我是她的孩子。大家觉得掌声是对我最大的鼓励，其实不然，女儿给我的夸奖才是最幸福的，才是给我喜悦度最强烈、延续最久的一种赞扬。

到了年过半百的年龄，我们都会理解，生命中最该珍惜的就是亲情、友情和爱情。**爱情是可遇不可求的，友情是患难中至、落寞时来，而亲情就在我们的血脉中。**让我们大家都珍惜亲情，用耐心呼唤心中的那份爱，每个人自己对爱的体会，就是最好的、唯一的答案。**让我们和孩子一起成长，才是生命中最好的护佑，是最好的"宝藏"。**

谢谢大家。

嘉宾对谈

方亭：谢谢孔老师刚才跟我们说了这么多，我知道您跟女儿现在关系这么好，其中有一个人特别关键，就是您的母亲，她在中间起到了桥梁和纽带的作用。

孔祥东：对，作为一个离异家庭的孩子，我女儿肯定是对我为什么会离婚有些想法，所以我母亲扮演的就是拉近孩子跟我之间的关系的角色。有些我不方便说、不愿意说的工作上、生活上的事情，我妈妈会在我们中间做沟通。

母亲是我与女儿之间的桥梁

方亭：孔妈妈这么有智慧，是不是和她的职业有关系？我知道孔妈妈之前也是一名老师。

孔祥东：我母亲其实是很大气、很善解人意，也很有远见的一个人。她吃过很多苦，生命中经历过很多磨难，但是这些磨难让她变得更加坚强、坚毅。她今年70多岁了，但依旧朝气蓬勃，甚至在很多事情上，还会经常给我“指指点点”。

其实一个人活到五十多岁了，还有一个老妈在旁边“评头论

足”，是件很幸福的事情。

母亲将我引入音乐的大门

方亭：您那个时候学钢琴的人多吗？

孔祥东：其实在我那个年代学钢琴的人是非常非常少，少之又少的。因为家里拥有钢琴的人几乎没有，所以妈妈想让我学钢琴的时候，刚开始只能在卡纸上画钢琴用——画了琴键让我练。

我从小练习的钢琴，可以说是一架无声的钢琴，弹一个音，妈妈就让我唱出声音来。如果需要两只手一起练，妈妈就会跟我一起唱，所以后来我有个坏习惯就是，经常自己弹着弹着就唱出声来了。后来老师跟我讲，他说“你要唱，就在心里面唱，不能唱出声来”，尤其我还唱得不是那么好听时。

父母以身作则，教育孩子言而有信

后来因为学习程度深了一点，我们就开始借琴练，看谁家有琴，妈妈就会跟人家打招呼：“我儿子能不能到你这儿练三四十分钟琴？”借琴时妈妈还会帮我把闹钟调好带上，如果跟人讲好是练40分钟的，她一定帮我调到35分钟，要提前5分钟走，因为她说已经去借别人家的琴练了，不能够超时，不能够给别人添更多的麻烦。

方亭：真的很不容易。那个时候您是特别爱练琴吗？

孔祥东：我是很喜欢音乐的。据说小时候我妈妈给我断奶时，不断地让家人围着我，又吹口琴，又拉小提琴，用乐器发出各种各样的声音来吸引我的注意力，让我可以不哭。冥冥中就注定了好像我这一生就应该跟钢琴这玩意儿产生联系。

方亭：是的，本身就有天赋，再加上妈妈的这种引导和培养，注定了您与钢琴之间的不解之缘。其实我知道现在孔老师对妈妈很好，而且您和妈妈的关系现在也像朋友一样。我还知道妈妈其实现在就住在您隔壁，是住对门。

有的时候，我们可能会有这样的感受，就是长大以后如果父母是住自己的对门，可能会觉得父母还是会经常管着我们，觉得不是特别自由。

陪伴父母是人生中的一种幸福

孔祥东：有很多朋友，尤其最亲近的朋友总是提醒我，20年前他们就跟我讲，“千万不要住你妈对门，住你妈对门问题可多了”。但是我不理这一套，我觉得在我生命当中，在我年轻的时候，从19岁到29岁，整整10年时间，我是没有跟妈妈在一起的，那时我一个人在美国留学。这10年的光阴，我特别想能够在现在弥补回来。尤其当妈妈年纪大了，更需要我的照顾。妈妈身体不好，遇到她身体不舒服时，至少有个人可以敲门，可以给她端上一杯热水。我能在生活上照料妈妈，只要她喊一声就有热饭、热菜吃，多么幸福。

方亭：说到您19岁的时候，那应该是在30年前。那个时候出国的人还不多，您觉得那个时候对您来说最大的阻碍或者困难是什么？

信是母子亲情的延伸

孔祥东：非常想念家乡，想念亲人。那时候妈妈在日本，我们之间往来的书信，现在还保留着很多。当时妈妈给我写的信，不是写一张、两张，而是十几张，因为邮费很贵，为了不超重，妈妈用的信纸都是超薄的，隔着灯光都能看透。这些信我现在还留着，都成为我生命中最宝贵的财富。

方亭：有没有给妈妈回信？

孔祥东：回了，回很多信。

方亭：回信中都说了什么呢？

孔祥东：我每到一个城市演出，都会给妈妈写明信片。我前前后后写过上千张明信片给我妈妈。我到佛罗伦萨、古巴、北欧、南非、澳大利亚，看到袋鼠、树熊，看到好玩的，看到美丽的建筑，看到妈妈最喜欢的那些美丽的时装时，我都会买下相应的明信片并寄出。那时候照相技术还不发达，也没有手机，只能在明信片后面写上几句话给妈妈寄过去。

那个时候我演出很忙，但是只需只言片语就可以让妈妈感受到我在世界各地游历的时候都在想着她，都在传达着一种情感。

方亭：孔老师给妈妈的回信内容，基本上都是欢愉的，都是“你看我在世界各地，我看到了什么”。因为孔妈妈跟我说，您都是报喜不报忧的。

孔祥东：也有忧，但是不太报。比如在美国留学的时候，囊中羞涩的时候很多。有时演出都结束了，支票还在经理人公司，还没传到自己手里，但是房租已经交不出来了；甚至有时候连买汉堡包的钱也没有，跑到汉堡包店一看，一个汉堡包1.99元，还差两毛钱才能买，真是囊中羞涩，那种时刻都有过。

方亭：这种事您都不跟妈妈说的吧？

孔祥东：不愿意说，因为怕妈妈担心。

方亭：现在您女儿也是在国外，是不是现在您跟女儿的沟通方式就不一样了？您是怎么跟女儿建立起现在这么好的关系的？和女儿这么亲密，有没有什么好的方法来跟我们分享呢？

孔祥东：在我女儿读大学的时候，她修什么课，我就会想办法到网上去找她学那些课程的内容自学。因为我想在将来可以跟女儿有更多的共同话语，更多可以沟通的内容。我觉得我要跟她一起成长。

亲子关系需要亲子双方的共同努力

方亭：所以您会去学女儿正在学的东西。女儿大学里教的那些内容应该是完全不一样的，而且应该挺难的。

孔祥东：好难好难。尤其她是学医的，你知道有一些生僻的单词，我一看就疯掉了（不好学）。

方亭：这种方式您觉得效果怎么样呢？

孩子让我成为更好的自己

孔祥东：我必须感恩。因为受到这种爱的驱动力，我在七八年的时间里浏览并学习了几十万个APP，然后涉猎了很多过去从未想过要涉猎的领域。医学领域，对于一个音乐工作者来讲是不需要涉猎的，但是正因为接触了，去学习、了解了，所以我现在也开始在做音乐疗愈方面的工作，还在上海儿童医院内成立了孔祥东乐疗工作室。所以这种感恩、这种爱，有时就会产生新的奇迹。

方亭：您是因为女儿而自己也学了很多东西，所以我们也要跟孩子一起前进。

孔祥东：我女儿升华了我对音乐的理解，让音乐化为了爱，成为人们心灵上的药，而不只是赏听的工具。

方亭：说得真好。

其实很多时候我们跟女儿、跟父母之间都是一种情感的联结。我们虽然从事各行各业，但是我们的爱是一样的，我们的沟通和交流都是温暖的。

孔祥东：是的，只要有爱在，就会有奇迹。

方亭：谢谢孔老师今天来到我们的现场，和我们说了这么多您和女儿的故事、您和妈妈的故事，而且每个故事都让我们的印象特别深刻，都是有爱的交流。正因为有这样爱的、智慧的交流，才让一家人的关系能够那么和谐，让大家都能够做自己喜欢的事情、做幸福的事情。

专家点评

离异家庭一定会对孩子的成长带来心理影响，但是不一定会导致心理问题。目前没有任何证据证明离异家庭的孩子不如双亲家庭孩子的心理健康，也就是说，如果一个孩子的心理出现了问题，可能可以在父母离婚那里找到根源，但是离婚并不一定会导致孩子出现心理问题。**父母与孩子之间的沟通互动和感情的维系是能够成就彼此的。**

今天，很多孩子和父母靠发微信进行沟通和互动，这是远远达不到良好的互动效果的，孩子和父母之间的所有关系都需要用心去维护。陪伴和互动也不是指家长随时待命，和孩子一起学习或者玩耍，而要看家长和孩子在一起时的状态如何——只要双方的状态是愉悦

点评专家：贺岭峰

心理学博士，上海体育学院心理学院教授、博士生导师。复旦大学心理研究中心兼职教授，教育部心理学教学指导委员会委员，上海市黄浦区心理咨询师协会理事长，上海市妇联、公安局、消防局等单位特聘专家。

的，这种互动就是高质量的。

家长多多和孩子进行沟通交流，增加互动，这可以有效地帮助孩子关注和觉察到他自己的情绪，从而进行语言表达，当孩子有小情绪时他不会回避问题，而是积极沟通。亲子间长期保持良好的沟通模式还能够帮助孩子从中学会如何关心、理解别人的情绪与状态，让孩子更加善解人意，亲子关系也会更和谐。

你花了功夫，播种了爱，就会收获爱。心理学研究表明，亲子关系的维护，就在于互动的频次和正向的情感。只要这两件事做得好，亲子关系大概率会很好。

案例分析

王妈妈在和12355的咨询师交流中提到，自己和前夫在儿子四五岁的时候离婚了，那个时候孩子虽然小，但也明白是怎么回事。孩子长大后性格变得越来越内向，什么事情都不愿意和妈妈沟通，妈妈担心是不是单亲家庭的原因一直给了孩子不好的影响，却又不知道怎么去跟孩子沟通这些事情。眼看孩子快要到青春期了，她担心孩子的情绪，想寻求一些沟通和解决的办法。

家长习题：

1. 您认为“离异”是导致孩子产生问题的根源吗？

2. 您有没有注意到孩子在青春期的变化?

3. 现实中的孩子与您理想中的孩子有什么不同?

4. 您如何看待孩子的“个人空间”问题?

解决策略:

首先，要有充分的自信。

要尊重当初的选择，不要赋予“离异”以过多的含义，现实中很多家庭是在不断争吵中勉强维持着，这对孩子内心的创伤是很大的。所以，作为单亲家庭的母亲，不要把自己的内心想法映射到孩子身上，与其陷在担忧中，不如向前跨一步，不断提升作为母亲的自信。为自己、为孩子创造一个温馨的家庭。

其次，正确面对“青春期”的孩子。

当妈妈遇见“青春期”的孩子时，就需要赶紧“补课”了，学习的途径可以是书本、网络，也可以是通过朋友学习，也可以参加12355专家的相关公益课程。每一个孩子都是不一样的，要找到适合自己孩子的沟通方法，而不是“拿来主义”，而且孩子一直在成长、在变化，不能用一成不变的教育方式对待正在变化的孩子。如果条件允许，甚至可以请邀前夫共同参与孩子的教育问题，有些事情也许更适合男人与男人之间去沟通。

最后，分清理想孩子与现实孩子。

其实家长内心都会有理想孩子与现实孩子，当孩子没有达到我们内心所期望的理想状态的时候，我们内心的矛盾冲突就会产生。所以，家长要放下理想孩子，拥抱现实孩子，拥抱孩子的一切——包括他的少言寡语，他的内向，也许这样你才会看到他的全部。同时也要给予孩子个人空间，允许孩子有自己内心的小秘密，这样他的羽翼才会逐渐丰满。

（上海12355心理咨询师　蔡海超）

3

拥抱挫折

——与樊登对谈（上）

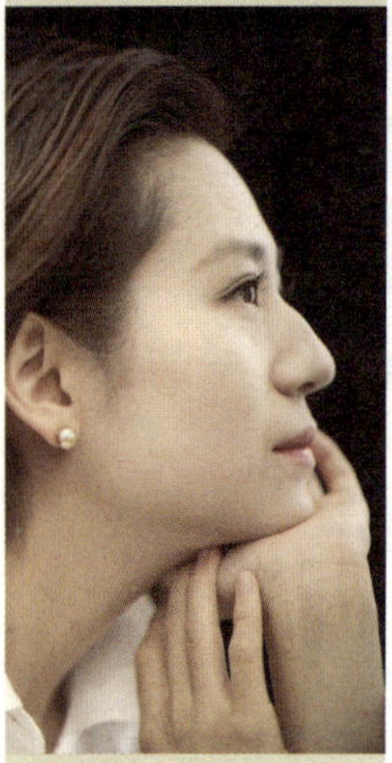

方亭说

我们说挫折是陀思妥耶夫斯基被流放到冰天雪地的抑郁，是苏轼在宦海浮沉中屡次被贬的经历，也是“莫听穿林打叶声，何妨吟啸且徐行”中洒脱的诗人气概。

其实孩子天生是不怕失败的，我们作为父母，与其把孩子保护在羽翼之下，不如教会他们如何与暴风雨作抗争，不惧困难、拥抱挫折，让孩子变得更加强大。愿我们的孩子都可以成为即使脚踏荆棘之路，心中也能够开出朵朵鲜花的人。

星空演讲

今天我们要跟大家分享的主题词是——拥抱挫折。

我们总会在新闻上看到一些令人心痛的消息，比如，在2019年的4月份，一名17岁的高中生因为跟同学发生了争执而受到母亲的严厉责骂，他最终选择了从大桥上纵身一跃，结束了自己的生命；河南理工大学的一名女学生因为受到学校的处分，留下了一句遗言——“受不了嘲笑的眼光”，在元旦当天选择了自缢。为什么年轻的生命在面对挫折的时候会轻易地选择放弃？

其实没有一个人的人生是一帆风顺的，也许是屡战屡败的考场，也许是无人问津的心酸孤独，也许是身体发肤的一次剧痛。我们不可能呵护孩子的一生，却可以教会他们如何面对挫折；我们不可能陪伴孩子到永远，却可以让他们有勇气去拥抱挫折。

今天来到我们现场的嘉宾，他腹有诗书，日复一日对阅读的坚持，让他成为无数人的精神导师；他倡导读书点亮生活，通过点滴积累汇聚智慧的光芒，启发越来越多的人从书中找寻生活的答案。他以精练的语言和清晰的逻辑，让读书成为越来越多人的生活态度，他就是今天星空演讲的嘉宾，“樊登读书”的创始人——樊登。

樊登

“樊登读书”创始人、首席内容官，西安交通大学兼职教授。1999年，在西安交通大学求学期间荣获国际大专辩论赛冠军。曾任职于中央电视台，主持过《实话实说》《十二演播室》《三星智力快车》等电视节目。出版著作《可复制的领导力》《低风险创业》《工作是最好的修行》《读懂孩子的心》《读书是一辈子的事》《读懂一本书》《陪孩子终身成长》等。

2013年，樊登创立了“樊登读书”。截至2020年11月，其APP用户人数超过4000万。作为知识服务领域的头部品牌，“樊登读书”以“每多一个人读书，就多一份祥和”为愿景，以“帮助3亿国人养成阅读习惯”为使命，采用一种全新的打开书本的方式，带领人们走进书本的世界，真正帮助人们养成良好的阅读习惯，让读书点亮每一个中国人的生活。

拥抱挫折

樊登星空演讲

各位好，非常高兴能够跟大家谈一谈关于怎么样培养孩子逆商的话题。

我特别不希望把演讲变成一种心灵鸡汤，就是举出一大堆的案例，告诉你有多少伟人把逆境处理得很好，最后走上了人生的巅峰。这种案例式的教学，我们把它叫作归纳法，简单的归纳法是难以迁移的。所以当我们把很多伟人成功的案例讲给孩子们听的时候，反而会对孩子们形成一种压力，他们会觉得："那是他们，我是我，我此刻内心就是难受，我该怎么办？"

所以我希望今天能够用讲原理的方法，让大家彻底地理解"逆境"到底是怎么回事，为什么我们要更加灵活地去看待"逆境"这件事。事实上你会发现，假如我们对逆境没有一个标准定义的话，逆境对每个人来讲都不一样。也就是说，同样一件事情，在我身上可能不是逆境，在另一个人身上可能就是一个天大的逆境。

是逆境与否，取决于我们看待它的角度

逆境本身和我们自身的观点有着极大的关系，也就是说你怎么看

待这件事情，就决定了它到底是不是逆境。你甚至可以把它看作一种好玩的、有趣的人生履历和财富。

那么真正的逆境的定义应该是什么呢？我今天大胆地给它下个定义，**逆境就是事情没有按照我们预期的方向前进**，无论大小——有的很大，有的小一点。

那么接下来，我就帮你们解决这个问题，也就是告诉你，这个世界上，最快的进步方法就是，事情不要按照我们预想的方式前进。

逆境是让人最快进步的方法

如果事情都按照我们预想的方式前进，你会发现你的人生发展得相当缓慢。

这来自一种计算机的算法，**这种算法叫“爬山算法”**。假如我们在座所有人要完成一个伟大的任务，就是在这个地球上找到一个最高点，我们要站在上面，谁能够最快地找到最高的位置谁就赢，那么人们各自有各自的算法，你说最快的算法是什么？

如果你从上海这个地方开始，丈量一下，看看周围哪儿最高，然后一步一步地往那边走，那么要过多少年你才有可能找到喜马拉雅山？这是非常困难的一件事，因为人生没有一张导航图，你只能凭运气，所以你很有可能这辈子都走不到那么高的地方。

爬山算法第一步：引入随机性

爬山算法的第一步是引入随机性，就是把你像一个点一样随便地抛在地球上的任何一个地方。

爬山算法第二步：就近寻找最高点

然后在你方圆几公里之内，根据你的能力，在力所能及的范围找到那个最高的点。比如，你找到了北京的香山，到达了香山的顶峰，再在方圆多少公里之内，去找最高的点。这种算法能够帮助你最快地在有生之年找到你人生的最高峰。

这里有一个非常重要的前提，就是你得接受人生的随机性，只有这个**随机性才能够带来你人生中不断的迭代和前进。**

人生是一个复杂的过程。大家玩没玩过Windows（微软操作系统）自带的一个游戏——扫雷？如果你是一个讨厌不确定性的人，你拒绝人生当中的任何不确定性，（在这个游戏中）你就会一个一个地去试，一个点一个点地试过去，我相信你这辈子也打不开最高级的那片平面。那一般玩这个游戏的高手怎么做？就是先随机地点一些，显示出一大片来，然后找到一个他认为最有可能的再开始。所以当命运把你随便抛到哪里的时候，很有可能你被抛在了一个低谷，那好，重启——重启就好了，接着，你被抛到另外一个点，然后尽快地展开你的“就近搜索”。

最浪费我们生命的是彷徨、无助、痛苦，然后是犹豫不决，不断地抱怨。这种时候你在原地站着哪儿都没去，甚至连探索的力量都没有。

为了让大家理解这个算法，我们再讲一个案例。

曾经有一位钢琴演奏家叫基斯·加雷特，他被一个音乐策展人邀请到欧洲进行一场演奏。演出票已经卖掉了，卖出了1400张门票。当天下午，他去音乐厅试钢琴的时候发现了意外，他要的是一架大的三角钢琴，因为大的三角钢琴共鸣好、声音大，结果人家给他准备的是一架非常破旧的立式钢琴。他去试钢琴的音的时候发现，低音部分没声，好几个键都没有声音，高音的部分声音也不准。他想，我这么大的一个演奏家，能做这样的事吗？不演了！转身就走了。

小链接

基斯·加雷特（Keith Jarrett），1945年生于美国，当今爵士乐坛知名钢琴大师。

结果因为那个策展人是个小姑娘，很年轻，所以就一边哭一边追着他的汽车说："求求你，票都卖掉了，这1400多人都是冲你来的。"而且最巧的就是当时还下着大雨，她在雨中狂追，这个钢琴家一看就心软了，然后下车说："那就演一次，但是演得多糟糕我都不负责，我要对外宣布这件事跟我无关，是因为你们的琴造成的。"

晚上，演奏会如期举行，结果你们知道吗？那场演出创造了爵士乐史上的奇迹，当天晚上演出的唱片一共卖了350万张。奇怪，就通过用这么破的一架琴的演奏，怎么可能卖出350万张唱片？原因很简单，因为那架琴很小，声音不够大，坐着弹不出声，所以基斯决定站着弹。站着弹的时候，他要用手砸那架琴，他的每一个动作都是砸，然后低音部分不敢碰，（力度）主要在高音，所以所有人听完演奏以后都觉得，哇，耳目一新！没有人见过这样激情演奏的爵士乐，而且他的水平已经到了人生的一个巅峰状态，所以那张唱片卖了350万张。

之后他说："如果我当时真的沮丧到直接买一张机票回美国，那我就跟这350万张唱片没有任何关系了。"

接受命运的不确定性，依然可以找到人生的新高度

这个例子和我们前面讲的爬山算法有什么关系呢？你可以发现，基斯·加雷特原来的高度就不低，他之前已经是全世界有名的演奏家了。打个比方，他的高度可能是在阿尔卑斯山这么高，但是如果他永远都待在阿尔卑斯山，他不希望他的生活中有任何的变化，不希望他的生活中有任何的不确定性，不希望他的生活中出现任何的逆境的话，那他一辈子就只能在阿尔卑斯山，哪儿也去不了，因为他已经是最高了。

但是当这个小姑娘在机缘巧合中给他引入了这么大的不确定性以后，相当于命运把他随便一抛，他被抛到了青藏高原，所以他只要在周围力所能及的范围之内使劲，再努力地找，他就找到了喜马拉雅山。

我们找到一座高峰是这样，这与我们找到人生的高峰是一回事。所以我在讲书的时候经常会有很多人跟我说："樊老师，我现在不知道该考研，还是该去找工作。""我现在不知道是该复读一次，还

是就上一个二本学校算了？”这种状况都叫作“不愿意接受不确定性”。如果你真的愿意接受不确定性，你会发现无论去哪边都是好的，因为你的人生并没有两条平行线。

当人生暂时沉入谷底，最好的办法就是找到一座高峰，并努力攀登

时间不会停留，如果你停留了，你只会在原地浪费时间。所以最好的方法是，就近找到最高的地方，然后努力去攀登，不要让自己沉到谷底中动弹不得。

对这件事情解释得最好的人是孔子，孔子就是一个喜欢拥抱不确定性的人。孔子说：“邦有道则仕，邦无道则可卷而怀之。”什么意思呢？国家政治清明，我就出来当官，为国家做贡献；国家政治混乱，我就回家教书，成为一个教书人。

我们发现孔子进也可以退也可以，无论处于什么样的逆境，对他来讲，他永远处于一种叫作杠铃式的配置中。

杠铃式配置，让人生有很多答案可供选择

杠铃式配置是人生中非常重要的一种智慧，假如不懂得杠铃式配置，不知道你的人生具备灵活性，你就没有可选择性。当你缺乏可选择性时，你会觉得一切东西似乎都只能有一个答案，假如没有找到这个答案，就会在逆境中变得沮丧，会想到“现在我要惩罚我自己”。

东方卫视
教导有方
READING LIGHTS UP LIFE
逆境就是
事情没有按照我们预期的方向前进。

东方卫视
教导有方
我们不可能呵护孩子的一生，却可以教会他们
如何面对挫折；我们不可能陪伴孩子永远，却
可以让他们有勇气去拥抱挫折。

东方卫视
教导有方
READING LIGHTS UP LIFE
生活的困难在书里都有答案，
只不过是我们没有去寻找。

东方卫视
教导有方
READING
LIGHTS UP
LIFE
随机性能够带来
人生不断的迭代和前进。

东方卫视
教导有方
没有一个人的一生是一帆风顺的，也许是屡战
屡败的考场；也许是无人问津的心酸孤独；也
许是身体发肤的一次剧痛。

东方卫视
教导有方
你对人生做非常清晰的规划，
才是最荒谬的。

在逆境中待的时间越长，越容易陷入负面情绪

你要知道，无论你是惩罚自己，还是惩罚别人，在逆境中待的时间越长，导致的结果就是你的自尊水平越低。你的自尊水平越低，你的自控力越差，你的表现会越糟糕，进而你的自尊水平又会更低，然后你的自控力会更差，这就陷入了我们说的“自尊的螺旋”，你会一步一步地往下走。

所以如果我们从原理上理解了不确定性对于人生是多么重要的一件事，逆境就不再是我们人生当中的问题。因为在短期看来它也许是逆境，但很有可能这是你人生中最重要的一步。

电影《阿甘正传》里的主人公阿甘说，**生活就像一盒巧克力，你永远不知道下一颗会是什么味道。**如果我们能够让孩子理解这个原理，就能够从本质上解决关于逆境的所有讨论。

逆境是大脑标签化的产物

逆境是我们自己的大脑假想出来的，是我们赋予了它这个标签，说这个东西叫作逆境。事实上每一次当你遇到不确定性的时候，你都可以告诉自己，我又有了一次调整和成长的机会。不知道命运这次把我抛到了哪个地方，可能我人生的高峰就在附近。

当人生遭遇逆境时，也获得了成长的机会

最后讲一个很有趣的思想实验——布里丹之驴。布里丹是一个思想实验家，他说有一头驴又渴又饿，它的左边是水，右边是粮食，驴待在中间，它既可以先吃粮食再喝水，也可以先喝水再吃粮食。但问题是粮食和水跟驴的距离一样，所以这头驴就想不明白了，它到底应该先喝水，还是应该先吃粮食？（一直犹豫）最后它又渴又饿，死在了粮食和水中间。

“布里丹之驴”告诉我们，不接受生活的随机性，会始终处于困境

这个思想实验告诉了我们什么呢？就是当这头驴左边是水、右边是粮食的时候，它最需要的是有人过来随机地拍它一巴掌，无论向左还是向右，命运把它丢到那个地方去，它就活了。它可以先喝水再吃粮食，也可以先吃粮食再喝水，但是因为没有引入这样的随机性，它不接受这样的随机性，它认为一切东西都应该按确定的思路去前进，这样导致的结果就是它既喝不到水，也吃不到粮食。所以大家不要小看这个实验，以为我们不会像驴这么蠢，事实上在生活中人内心的纠结要比驴多得多。

有时候我们拥抱不确定性，能够让生活更加丰富多彩。今后当你再遇到不愉快的事，再遇到逆境的时候，教你一个方法：你在脑子里面告诉自己“叮咚”，一定要“叮咚”一声，“叮咚”——逆境来了，就是有一个声音提醒你，此刻就是逆境，这不正是我展示自己如何面对不确定性的时候吗？

当逆境来临时，提醒自己准备好应对挫折

此时你再去应对这件事情，你的心态会完全不一样。但是假如没有这样的声音提醒你逆境来了，你很有可能被事情带着走，你会觉得那件事情是你人生的全部。事实上它只是你人生的作料，你才是你人生的主角，你能够掌控它，**所有那些没能够打败我们的东西，都将使我们变得更强。**

所以希望大家能够正确地看待逆境这件事，知道很多事情没有按照我们想象的方向去发展未必是一件坏事。而你对**人生做规划，做非常清晰的规划，这本身才是最荒谬的**，才最容易造成对孩子和自己的伤害。

谢谢大家。

嘉宾对谈

访谈嘉宾：陶峻

“小豆伴电影学堂”创始人兼CEO。

方亭：谢谢陶峻老师来到我们的现场。刚才樊登老师给我们讲了很多有趣的故事，我看台下的观众都乐了，说明我们还是要微笑地面对挫折的。

樊登：人间是喜剧。所以如果你能够用喜剧的眼光来看待人间发生的各种各样的事，你就会觉得它其实都挺有幽默感的。

方亭：说到这我就想问问二位老师，你们有没有经历过什么挫折？在你们的印象里，觉得那件事算是挫折吗？

樊登：他挫折比较多，（转向陶峻）你可以先讲讲你的挫折。

陶峻：比如我15岁时自己出门旅游，路上就被人骗了，几百块钱被人骗走了。当时满脑子就是我快不行了，觉得太痛苦了。

方亭：当时被骗了多少钱？

READING
LIGHTS UP
LIFE

陶峻：当时被骗了400多块，很多了。

樊登：400块差不多是当时一年的生活费了。你当时丢了钱以后怎么处理的？

陶峻：幸好我当时在鞋子里头藏了十几块钱，最后才能回到家。这个事情，我当时想起来都觉得特别丢人，简直是对我的侮辱。但是你看，我现在想起这件事时，却觉得特别好玩。

方亭：所以很多在当时我们认为是较大挫折的事情，到后来反而会变成人生的收获。

陶峻：我相信每个人都是这样的。

樊登：人生就是阶段性地会执着在一个东西上。有没有可能我们现在觉得特别难受、特别纠结、特别痛苦的事情，再过一二十年来看，觉得根本没什么大不了的。

比如，我大学毕业的时候还考过外交部。当时外交部招公务员，我去考试，可我不是英语专业毕业的，人家考英语那个难度，简直没法想象，比我参加过的所有英语考试都难十倍。考完以后，我都不知道考了多少分，没好意思看成绩。当时介绍我去的那位老师对我说："你这英语成绩也太差了，去不了外交部。"

去不了外交部我就不去了，后来就去了中央电视台，然而在中央电视台我也不是一个特别出色的主持人。我脸大，再加上又没有什么幽默感，也没读过那么多书，所以就总是在边缘地带做一些不怎么出名的节目。你说这算不算一段难熬的经历？其实也算吧。

每个月就录一次影，一次把一个月的节目录完，等四期录完后，剩下的时间就一个人开着车到处乱逛，跑到山上，跑到随便哪个地方一个人瞎逛。我想，这么闲逛也不是个事儿，就开始看《论语》，接着又读了一年《道德经》，后来发现读书太好玩了，然后开始读各种各样的书。

后来我有了孩子，我发现我用育儿书籍里面的方法来教我的孩子非常轻松。我就意识到，原来生活的困难在书里都有答案，只不过是我们没有去找而已。

方亭：是的，其实很多时候看似是挫折的事情，虽然这件事情好像并不那么让人满意，却可能在另外一个地方给我们开启了一扇窗户。

生活中一时失意的背后，也许是通往成功的窗口

樊登：这个世界上的事就是复杂到让你无法想象，你必须能够接受现状。大量的人处在逆境当中，其实是源于不接受。“凭什么是我”这句话在脑海当中不断地重复会毁灭你。这时候，如果你能够静下心来问自己“凭什么不是我”“别人都可以，我为什么不可以”，你会发现其实可选择的道路多极了。你选择了就意味着失去，你选择了这条道路，就意味着失去了其他所有的道路。所以只有拥抱不确定性，你才能够更开心地拿出更多的精力去做当下最应该做的事。

方亭：现在想来，我之前上学时候经历的那些挫折，对我来说是一种收获。我当时是在合肥一中上学，我们班同学的学习成绩都很

好，我只能考班里的第四五十名，而且我怎么努力都是这样。我觉得我坚持不下去了，甚至觉得我有一点中度抑郁了，我不知道为什么会这样。我甚至去书店，把所有有关中学生心理学的书全部都买回来读了一遍，就想知道我为什么会这样。但是后来，我在工作中再遇到挫折的时候，反而没有那么焦虑了。

樊登：在育儿领域有一个名词叫作“适度的摩擦”。一个孩子在成长的过程当中如果经历过这种适度的摩擦，长大以后他的耐挫性会更好，但适度很重要。

适度的摩擦，有利于培养孩子的耐挫性

比如高考，它其实是非常好的一个适度的摩擦。如果家庭没有处理好这个问题，整天跟孩子说高考是唯一的出路，这种错误的观念会对孩子造成伤害。为什么高考会对很多孩子形成很大的压力，是因为他们根本不知道为什么要高考，这才是问题所在。

作为家长和老师，最重要的是引导孩子树立正确的价值观。在这里一定要提醒所有的老师和家长，千万不要跟孩子讲这样一句话：“你只要考上大学，我就不管你了。”

方亭：好像大学是一个终点。

樊登：这句话是一句假话，让孩子误以为自己的人生到考上大学就结束了。实际上孩子考上大学后，磨难可能才刚刚开始。所以不要用这种虚假的谎言来帮助孩子度过困难期，在困难期最有效的方法

是，让他能够直面这件事情，然后意识到这件事情的意义。

家长不应该用安慰的谎言来帮助孩子度过困难期，要让孩子学会直面挫折

“一个人知道自己为什么而活，就可以忍受任何一种生活。”这句话是尼采讲的。

方亭：其实通过刚才二位与我们的分享我们发现，无论多么成功的人都有可能会经历挫折。所以我也想告诉大家，经历挫折并不可怕，有的时候它看起来是一件不好的事，但是回过头来再想，它也许能给我们带来更快速的成长。

专家点评

挫折具有双重性。一方面，挫折使人产生心理痛苦，使行为失措；另一方面，挫折又给人以磨炼和教益，使人在挫折中成长。因此，加强对孩子，尤其是中学阶段的学生进行挫折教育，是保证孩子健康成长的关键。对中学生进行挫折教育，需要做到以下几点。

1. 增强孩子的挫折耐受力。心理学上把人们承受挫折打击的能力称为“挫折耐受力”，即教育孩子坦然直面生活中的挫折和磨难，勇敢接受挑战，增强耐受力。

2. 培养乐观自信的人生观。挫折对弱者来讲是巨大的精神压力，对强者来说则是勇往直前的动力。自信心是战胜挫折的坚强力量，青少年要积极进取，不断超越，提高自身对挫折的耐受力。

3. 保持适中的自我期望水平。中学生对学习和生活抱有较高的期望和要求，对学习和生活中的困难估计不足，对自身的能力缺少全面的认识，一旦遇到不顺利的事就会出现挫折感。因此，保持中等期望水平十分重要，同时注意不要轻易否定自己。

4. 放手去“碰钉子”。主动去“碰钉子”，划出拼搏的痕迹，是应对挫折的有效方法。世界上许多名人都是在经受严酷的挫折考验后

点评专家：茆玉书

12355上海青少年公共服务中心心理咨询师，EAP项目专家组组长，国家二级心理咨询师，法学硕士。

才获得成功的。人只有“苦”过，才会发现“白开水”也是甜的，才能珍惜自己所拥有的一切。

案例分析

林女士最近很为自己上初二的女儿担忧。从小就喜欢跳芭蕾舞、好胜心很强的女儿经常会去参加一些舞蹈比赛。今年比赛的时候，她因为失误摔了一跤，受了伤，没有拿到名次。为此，一向表现突出的她开始抱怨自己，因为答应要拿到奖杯送给疼她的外婆，面对突然的挫折，女儿失去了信心。作为家长，林女士不知道该怎么去帮助女儿。

家长习题：

1. 您的孩子有没有遇到过挫折？您观察过孩子遇到挫折后是什么

表现吗?

2. 孩子想把奖杯送给疼爱自己的外婆，这个奖杯是她自己想给的，还是外婆想要的？没有了奖杯，外婆会失望，会不再疼爱她了吗?

3. 您遇到挫折后有什么样的表现？您觉得孩子像您吗？您希望孩子遇到挫折后的做法和您一样吗?

解决策略:

在孩子的成长过程中，一定会碰到各种各样的困难和挫折。例如，学走路时摔倒、遇到解不开的难题、考试成绩不理想、和同学闹了小矛盾，等等，只是没有这次这么严重罢了。

首先，遇到打击时，我们可以让孩子回顾一下，以前在遇到困难时，她是如何化解的，又是如何调整好情绪的。要帮助孩子去发现，原来我们一直是在挫折中成长的，而失败并不可怕，虽然这次的后果比较严重，但只要运用好以前试过的好的办法，多花费一点时间，就一定可以渡过这次难关。

其次，让孩子去与外婆真诚地沟通一下，弄清楚外婆是更疼爱自己还是爱那个奖杯。有时，我们的负面情绪往往来自我们自己的想法和猜测。当外婆看到绑着石膏、满脸失落的外孙女时，怕是会更加心疼，而不会责怪外孙女没有拿到那个奖杯吧?

最后，林女士也要回忆一下，女儿的好胜心是不是自己“培养”出来的。每当孩子取得好成绩时，自己是怎么做的呢？我们要给到孩子更多的宽容、更温暖的陪伴与更积极的鼓励，表扬孩子的努力过程而不仅是成果。在之后，孩子一定会积极备战，用心比赛，这就是胜利。家长要给予孩子无条件的积极关注，陪伴孩子走过这一段低谷期，相信孩子一定会变得越来越阳光、积极和自信。

（上海12355心理咨询师　王慧）

4

拥抱挫折

——与樊登对谈（下）

嘉宾对谈

方亭：大家好，在上一期的节目中，我们同樊登老师和陶峻老师一起聊了有关“如何去拥抱挫折”的话题。有很多观众看完之后觉得非常受益，无论是什么样的人都经历过挫折，所以挫折并不可怕。今天我们就和樊老师、陶老师继续来聊一聊如何面对挫折。

如果我们在教育孩子的时候有意识地让他们经历一些挫折，这种做法是不是可以锻炼孩子的抗挫折能力呢？

家长是否应该有意识地让孩子经历挫折

樊登：其实孩子和父母之间最重要的是亲密关系，这才是给孩子的内心注入能量，让他得以克服困难的最重要的东西。

理解孩子的负面情绪，才能帮他坦然面对挫折

樊登：当孩子正经历着挫折时，你站出来说“这个就叫作挫折教

READING
LIGHTS U
LIFE

育，你要对挫折耐受”，这种话会导致孩子变得叛逆，因为你根本没有认同他的感情。让一个孩子坦然地面对挫折，最有效的说法是“爸爸理解你现在很难受”。

方亭：要有共情。

樊登：对，“爸爸知道你现在很难过。”“爸爸知道输了的感觉是很不好的。”当你把孩子的这种感觉表述出来，他能够感受到你是理解他的时候，他的担忧的感觉才能够放下来，然后这时候再和他讨论应该怎么办，你可以跟他分享一下自己过去遇到过的更糟糕的情况。

父母与孩子分享自己过去的挫折经历，有助于孩子面对挫折

我儿子现在经常问我是什么时候开始学英语的，我说初一的时候，他问我上初一那会儿英语什么水平，我说刚开始学字母ABC。他听了就特别高兴，因为他现在上小学六年级，英语已经很好了。

方亭：有些人会觉得，“孩子经历的挫折太少了，我要锻炼他的意志力，比如，我要让他手上捏冰捏多长时间”。这种想法是对的吗？

陶峻：我也不认同所谓的挫折教育是要给孩子故意去增加或者制造一些挫折。我觉得更多的是孩子感受到挫折的时候，家长能够感同身受，能够陪伴他、支持他。

樊登：很多父母的教育方法都特别直接。想要耐挫是吗？那就给

你制造一个挫折。先折磨孩子，到最后，你以为拼命打出来的孩子将来耐挫力就高吗？不是，拼命打出来的孩子将来会拼命打别人，一点就炸，脾气暴躁。从理论上讲，就是当父母经常打孩子、骂孩子的时候，孩子体内会分泌特别多的肾上腺素。肾上腺素容易让人冲动。

你在工作中有时会遇到一些人，一点就炸，还没说什么话呢，脾气就上来了。怎么回事？就是因为在家长期积累而来的，从小到大体内积累的。过高的肾上腺素水平导致他对外在的任何挫折，包括别人的批评或者不礼貌的对待，都会做出过激的反应。

父母的暴力教育会导致孩子日后经常出现过激反应

方亭：这其实就是在告诉我们，家长是孩子的榜样，你的性格会映射到孩子身上，你是把你的压力转嫁到了孩子身上。

樊登：我儿子有一次语文考了70分，回家后跟我说："爸爸，我这次语文考了70分。"我说："你成绩挺好的，怎么会考70分？"他说："我没想到背面还有题。"我说："那你学会了什么？"他说："我以后看背面。"我说："很好，以后看背面就行了。"

这就是一个小小的失误，但是如果家长不断地放大这件事，说孩子就是不用心，写作业的时候就是不认真，天天朝他吼，他会把每一次挫折视作天大的事，这个孩子会给自己慢慢贴上一个"我就是用不了心"的标签。因为孩子会相信父母的话，父母整天跟孩子唠叨的那些话，慢慢地会变成孩子的现实——完了，糟糕了，我没希望了。实际上孩子离“没希望”还早着呢。

父母对孩子的评价会影响孩子的自我认知

方亭：我认为你的做法特别好的地方是，你保护了孩子的主观能动性，保护了他对学习的兴趣。

樊登：我经常跟很多妈妈讲，我说你们学车的时候，老公坐在旁边帮过忙吗？我见过很多老公教老婆开车的，最后老婆都放弃了，不想学了。因为你旁边坐着一个随时发飙的人，根本没法让你把车开得更好。

同样，旁边坐着一个爱发飙的妈妈，或者一个奶奶、一个爸爸、一个爷爷，这个孩子的注意力就会分散，会用80%的精力对付家长，让家长别发飙，他只有20%的精力用来做题。所以家长经常成为孩子的“猪队友”，是家长拖了孩子的后腿，使得孩子没法专注地去学习，这才是有的孩子写作业会写到半夜12点的最本质的原因。

家长的焦虑情绪会分散孩子的注意力

陶峻：生活其实已经很残酷了，我觉得现在的孩子和大人相比，也是不容易的。对于现在的学生来讲，如果语数外学不好，他能换别的学科吗？他换不了。所以他所面临的压力是巨大的，他所面对的选择是很狭窄的。

樊登：这个叫视觉窄化。因为我们大家的视觉窄化了，所以我们

东方卫视
教导有方
父母与孩子之间的亲密关系
可以给孩子注入能量、克服困难。

东方卫视
教导有方
愿我们的孩子都可以成为
即使脚踏荆棘之路，
心中也能够开出朵朵鲜花的人。

东方卫视
教导有方
即使我们生活在阴沟里，
我们依然可以仰望星空。
——王尔德

东方卫视
教导有方
READING
LIGHTS UP
LIFE
如果父母不能对孩子表达出
耐心和足够宽泛的选择，
会扼杀孩子的生命力。

东方卫视
教导有方
父母与其把孩子保护在羽翼之下，
不如教会他们如何与暴风雨作抗争，
不惧困难拥抱挫折，让自己变得更加强大。

东方卫视
教导有方
READING
LIGHTS U
LIFE
简单地把失败和成功摆在一个维度上，
人生会失去很多选择。

以为学不好语数外，这个孩子就不行了。但实际上如果稍微放得宽泛一点来看，选择的空间还是很大的。

我知道很多家长会说“没办法，社会都是这么评价的”。但社会管不到家庭，你们家是由你来管的。咱们觉得高中毕业后上大学天经地义，但以色列家庭的孩子毕业以后是不许上大学的，所有以色列家庭的孩子高中毕业后都要去服兵役，3年兵役服完了之后还不让上大学，而是发一笔巨额奖金，让你拿奖金再进行一到两年的环球旅行，看完了世界后再决定上哪所大学。所以他们的孩子上大学比我们晚了差不多四五年的时间，可结果全世界著名大学里有很大比例的教授都是以色列人。

如果父母不能够对孩子表现出耐心并给予足够宽泛的选择，你就会发现，这个孩子的生命力被扼杀了。人最重要的是生命力，而不是语文、数学等科目的成绩。我最近刚读完一本书，叫《爱、金钱和孩子》，书中做了一个统计，结果显示中国是典型的密集型教育最明显的国家。密集型教育，即家长盯得特别死。中国学生的PISA成绩远远领先于全世界其他国家的学生。

小链接

PISA（国际学生评估项目）：被视为“教育界的世界杯”，是由经济合作与发展组织统筹的，研究15岁学生的阅读、数学、科学能力的项目。从2000年开始，每3年进行一次测评。参与测试的国家可以根据学生表现的国际比较，反思本国教育的不足，实施改革措施。

但是还有另外一个统计数字表明，当对所有这些孩子进行幸福度调查的时候，我们国家学生的幸福度是垫底的。你获得了解题的能力，获得了考上名校的能力，但是你牺牲了个人的幸福度。甚至我们有一个同事说，他上中学的时候，如果他考了全班第二名，他妈就不让他进家门。他现在30多岁，就得了非常严重的焦虑症，虽然事业做得很好，但是每天掉头发，睡不着觉。

所以要想解决这个问题，最重要的一件事就是让家长开始学习。所有的痛苦都只来源于一个方面，就是无知。怎样才能够减少痛苦呢？增加学习的力量。这样家长才能慢慢地理解，原来教育孩子不是拼凑一个机器。我们之所以会把孩子管得那么死，是因为我们把管孩子当成了拼一辆小汽车。语文、数学、英语、跳绳等，觉得拼一块儿就行了，孩子就会成功了。有可能这个孩子被你训练得语文、数学、英语、跳绳等都没问题，但是人疯了。人不是机器，人是像种子一样的生命体。生命体是复杂的，复杂的生命体在进化的过程中需要做的是迭代，而迭代靠的是什么，靠它自身拥有的生命力。所以一个有生命力的人，哪怕没有上大学，只要对自己有爱，他最后一定能做出很多很有意思的事。

有一本书，我推荐大家有机会可以去读一下，叫作《园丁与木匠》。一听名字就知道这本书讲的是什么，就是家长到底要更像园丁，还是更像木匠。那些特别累的家长是木匠，把孩子拿来锯，锯成家长想要的那个样子，孩子特别痛苦，最后只能变成一样东西。家长把孩子变成了一样东西，他这辈子只能干这一件事，所以他就只能（参加）高考。

陶峻：一般还锯不成家长想要的模样。

樊登：如果你是园丁，你会发现你只需要喝着茶，躺在那儿晒着太阳，浇点花，然后开开心心的，万一有了杂草，除一下杂草就可以了，很轻松。所以培育生命和对付一种机器是完全不同的两个概念。

父母要有意识地培养孩子主动学习的能力

陶峻：我说一件在实际操作上有用的事情，我们总说爱是基础，并不代表我们作为家长不用去努力地为孩子提供好的学习环境。但这个学习环境指的是什么呢？它朝向什么目标？我们觉得它不应该只是简单地朝向暂时的分数，而应该朝向对孩子未来生活、工作中都更有用的一些能力和素养，如创新，如跟别人团结合作等。它们构成了一个孩子主动学习的意愿和能力，剩下的事情就是让那朵苗圃里的花自己去生长。

方亭：其实我们帮孩子解决挫折问题，并不是把他送进一所好学校，帮他把某道题目完成，而是我们给他更多的爱，让他拥有更多的自信，自己去解决问题。这才是我们帮他正确面对挫折的一种方式。

父母要培养孩子的终身成长人格

樊登：父母如果真的想帮孩子，最重要的一件事就是培养孩子终身成长的人格。世界上的人可以简单地分成两种，一种叫作固定型心态的人，一种叫作成长型心态的人。

固定型心态的人的人生当中只有一个使命：我要证明我自己。我考上大学是为了证明我自己，我找到一份好工作是为了证明我自己。所以他感受不到人生的乐趣，他永远都活在压力中，一旦遭遇挫折和失败，他会非常沮丧，非常痛苦，认为自己是一个失败者。

成长型心态的人把人生视作一趟伟大的旅程，永远都在努力地学习新的东西。所以中国有一句古话讲得特别有道理，叫“吃一堑，长一智”，这句话就是典型的代表成长型心态的格言。

方亭：我们在面对挫折的时候，其实也可以想一想，这未必是一件坏事。这样去安慰自己的时候会发现，也许过了这个坎之后，什么事都难不倒我了。当孩子遇到挫折的时候，陶峻老师，您是怎么做的呢？

陶峻：孩子肯定经常会有觉得很受挫的时候，一般这个时候你要是只讲道理，作用往往不那么大。还有更多的方式可供选择，我们可以陪他一起去看部电影，因为看电影可以让他沉浸在故事情节中，从而转移他的注意力。

用电影里的故事启发孩子如何面对挫折

陶峻：我今天还带了一些我们经常会给孩子们看的电影碟片过来，下面跟大家分享一下。

这个电影——《至暗时刻》，丘吉尔在他的人生放出光芒之前，经历过很多很多次的失败和挫折，最后才做出了伟大的事。还有《当幸福来敲门》，这部电影是根据真人真事改编的。电影中的主人公遭受的挫折太大了，最艰难的时候，穷得带着孩子住在地铁的厕所里，都到了这个程度。他后来成立了一家投资公司，然后成了一个富翁。这部叫《赛车总动员》，主人公在可以得到冠军，获得所谓的成功的时候，却选择了放弃，因为他发现还有很多比这种所谓的成功更重要的东西。

如果把失败和成功简单地摆在一个维度上看的话，人生真的会失去很多可能性和选择。这些道理通过电影里的故事直观地表现出来，你都不用讲太多，可能就坐儿那看一看，孩子的心情就平复了。

我最后还有一个实用的招——失败日。失败没有什么不可以谈论的，所以我们可以在家里设定一天作为失败日，爸爸妈妈、爷爷奶奶可以和孩子一起来聊一聊自己过去失败的、觉得是挫折的事情，这个时候大家对失败会产生一种全新的认识。

前两天有一件事特别有意思，在一场小学生的辩论赛中，有一个特别优秀的小学生输了，于是就哭啊，感觉沮丧啊。正好我儿子也经历了这件事，我问他："你要不要劝劝那个孩子？"他说："你就告诉他，憋两天就好了。"

方亭：现在大家都在看的一部电影叫《少年的你》，影片反映了校园欺凌的问题，我就想知道，如果孩子遇到了这样的问题，家长该怎么办？

欺凌问题往往发生在缺乏爱的孩子身上

樊登：首先你要知道，欺凌在很大程度上发生在缺乏爱的孩子身上。这些欺凌者本身也是缺乏爱的孩子，你看那部片子里那个角色就能看出来。如果一个人内心有爱，他跟别人有良好的互动，会好好说话，他也不会随便打别人、侮辱别人，他能够对别人感同身受。欺负人的这个人是缺乏爱的，他们的嗅觉在找什么样的人呢？就找谁看起来最可怜，谁看起来最孤独，谁看起来不敢说话，欺负他就最保险，因为他不敢跟别人讲。那么这个被欺负的孩子为什么不敢跟别人讲呢？因为他跟谁讲都没用，家里没人管他，这就是欺凌之所以产生的一个非常重要的逻辑。

青少年的时候，人的成长就跟一头小兽成长的过程一样，他就是有那种兽性，他需要练手，他需要打人，这叫作青春期的残忍。在这个过程中，如果家长没能够关注到被欺负的孩子，忽略了这个孩子，导致的结果就是这孩子知道，跟家长讲什么用都没有。所以家长应该及时关注孩子在学校里的表现，如果发现了孩子身上有瘀青、有受伤的状况时就要问，要带着孩子去学校帮他撑腰。在很多名校当中，对于欺凌事件是零容忍的，如果真的出现了严重的欺凌事件，那就该开除就开除，要采取措施，学校跟老师都得重视这件事。

陶峻：这就说到了很多孩子回家不太愿意跟父母聊天，父母有时候也不知道该怎么聊的问题。

方亭：有可能是他想跟父母聊的时候，父母没有给他很好的回应，所以导致了他不想跟父母聊。

陶峻：随着孩子长大，你不要觉得孩子跟父母交流是一件天然的事情。咱们小时候也有类似的情况，碍于自尊也好，碍于同伴间的一些感觉也好，有的事不愿意跟父母说，或者不是真的不愿意说，关键在于父母要学着怎么来开启某个话题。

父母可以借助电影故事与孩子开启话题

陶峻：就像被欺负这件事情，你问孩子在学校里有什么事没有，孩子不愿意说，因为这就是学校里孩子间的事。我记得有一次给儿子看了一部电影——《叫我第一名》，里面的孩子老受欺负，看完电影，我问他："你们学校里有跟发生在这个主人公身上的一样的事吗？"他回答："有有有，我们班那谁跟他可像了。"所以家长可以借助很多电影或故事来与孩子开启话题，书也好，电影也好，当我们有了对故事的共同感受以后，再和孩子聊天就特别能聊进去。

樊登：你知道为什么孩子回到家里不说那些事情吗？这是因为我们大脑当中有杏仁核和语言中枢。杏仁核和语言中枢间的关系是什么呢？当杏仁核启动的时候，就是恐惧要打或者逃的时候，动物本性出来了，语言中枢就会关闭。所以你会发现，有时候你在菜场里跟一个阿姨吵架，会吵到没话说，回到家以后会埋怨自己嘴怎么这么笨，就是因为你在生气的那一刻，你的语言中枢关闭了。

当一个小孩子在很小的时候遇到这样的状况，他的语言中枢关闭以后，他无法描述这件事，或者说不出口，不知道怎么说，不知道怎么回事，它变成了一个秘密，潜入了内心。秘密会带来什么呢？卡尔·荣格讲过，只要一个人内心有一些秘密，就会带来耻辱感。因为他会认为“这件事只有我有，别人没有，这是我自己的秘密”，他会带着这些印记很长时间，会为此而痛苦。所以我们得帮助孩子了解这些事情，让孩子能够表达。其实很有效的一个方法是多跟孩子聊一些与心理相关的话题。在孩子成长的过程中，有时候需要父母推一把。

方亭：其实我们在确定这一期的主题的时候，想过很多主题词，最后我们把这个主题词定为“拥抱挫折”。有些事情我们现在看起来是挫折，将来再看，它给我们带来更多的是收获，是我们的经历。

那最后我们也请樊登老师来给我们推荐几本书吧。

樊登：我讲过一本书叫《逆商》，它把人分成三种：一种叫作放弃者，爬山的时候，爬到一半就放弃了；一种叫作扎营者，爬到半山腰觉得不错，扎个营地待着；第三种人叫作攀登者。只要把这三个词讲出来，我相信大家都可以有自己的选择。孩子可以选择是做放弃者、扎营者还是攀登者，这是一本很有意思的书。

如果父母想了解清楚自己对孩子的教养方式，就得理解什么是复杂体系、什么是简单体系，所以有一本很重要的书就叫《复杂》。管理企业、做工程师、管理一座城市、做节目，都要研究复杂体系，所有人都可以学习其中的道理。

第三本书，如果孩子到了青春期，你觉得挫折开始出现了，觉得压力很大，这时候可以读一本叫《解码青春期》的书。这本书里描写一个极其叛逆的孩子，叛逆到他自己都放弃了自己，吸毒、酒驾、打人，经常被抓到监狱里去。后来他所寄养家庭的爸爸改变了他。那个爸爸只说了一句话："你视自己为一个麻烦，而我们视你为一个机会。"就这一句话，让这个孩子的人生扭转了过来，后来他成了哈佛大学的教授。

假如你的孩子还很小，在上小学或者更早，有一本书叫《你就是孩子最好的玩具》，可以读一读。里边讲了最基本的跟孩子互动的方法，这本书是我的宝典，我教我儿子，只用这一本书就够了。

如果你想当一位好家长，有时候不需要读几百本书，把一本书弄明白、用透、天天用就行了。大家可以回去看看这四本书，我相信会给你更多的启发。

方亭：谢谢二位今天做客节目，我借用电影《少年的你》中的一句话来结束今天的话题——"即使我们生活在阴沟里，我们依然可以仰望星空。"

谢谢大家。

专家点评

挫折教育不是让家长人为地制造挫折，进行批评式教育或替孩子包办、解决问题，而是让孩子在生活中懂得，挫折不可避免，会如影随形；与其抱怨挫折，不如将挫折视为生活的好友去拥抱，当作生命的礼物去接受，让孩子懂得挫折可以使我们越来越强大。那么，家长应如何指导孩子拥抱挫折呢?

1. **共情感受，积极应对。**孩子受到挫折时难免会焦虑害怕、闹脾气、逃避等。相对挫折本身，家长更应关注孩子的感受，给予孩子理解，帮助其消化情绪，不能打骂孩子，良好的亲子关系是帮助孩子抗挫的基础。

2. **良性互动，调整认知。**父母可以与孩子分享成败的经历和体验，在良性互动中，启发其打破思维定式，懂得多视角、多维度看待挫折，也可以与孩子一起商讨更好的应对方法，取代和避免原有的冲动行为，引导孩子正向发展。

3. **关注过程，鼓励成长。**家长不应该只关心孩子的成绩，只看重结果，而应“看见”孩子受挫后不断尝试与努力的过程，让孩子相信失败是暂时的，成长是终身的。

4. **激发正能，笑对人生。**青春期的孩子控制情绪的能力较弱，家长

点评专家：颜苏勤

应用心理学硕士研究生导师，国家二级心理咨询师考评员，中国职教学会德育工作委员会理事，12355青春在线青少年公共服务中心工作室专家。

需要训练孩子科学地应对挫折，引导其自发地启动自我奖赏系统，培养孩子有意愿、有方法、有动力、有能量地去拥抱挫折，笑对人生。

案例分析

高考结束，成绩公布了。李同学来电表示自己高考落榜了，没有达到自己和家人的预期，看着同学们拿到满意的成绩，自己觉得十分受挫，始终没办法接受这个事实，不知道是应该接受事实还是选择再复读一次。李同学说，高考是人生中最重要的一个关卡，但是自己没有闯过去，整个人都提不起精神，所以想寻求咨询师的帮助，缓解自己的情绪。

家长习题：

1. 家长的首要任务是安抚孩子的情绪，作为成年人，我们可以调节、控制自己的情绪，这时，孩子更需要家长的帮助，接纳他的情绪。家长朋友，你会怎么做呢?

2. 李同学高考落榜后的不合理信念是什么？这种信念的来源是什么?

3. 考试失败有外归因和内归因两种归因方式。在你的家庭中，日常的归因方式是怎样的?

解决策略:

考试失败是学生在学习生涯中都会遇到的问题。它对学生的影响非常大，遭遇失败，学生难免情绪恶劣，无法接受现实。

首先，产生糟糕的情绪、恶劣的心境，是我们面对困境时自然而然的反应。建议李同学可以找信任的小伙伴去打打球，做些运动，先处理自己的情绪，转移自己的注意力。

其次，人生的路途还很长，这只是一次失败，要建立积极的观念，不要让不合理的信念困扰自己，而且不合理的信念通常过于主观，并没有事实依据，所以应客观地看待这次考试的挫折。

最后，希望李同学能培养积极的归因方式和归因风格。值得高兴的是，李同学及时发觉了自己的异常，来电寻求专业的帮助。当面对失败的时候，先不要产生那些绝对化、过度概括的思想认识。李同学说“高考是人生中最重要的一个关卡”，他应该意识到，这只是一个关卡，而不是唯一的通途。

（上海12355心理咨询师　陈光方）

5 培养孩子的学习力

——与黄莹对谈

方亭说

哈佛大学有句格言，说“从来没有一个时代像今天这样需要不断地、随时随地、快速、高效地学习”，所以我们每一个人都要具备终身学习的能力。医学研究者通过研发新药对抗疑难杂症，这是学习能力；在我们普通人的日子里，民间银匠制造出极具美感的银器，街边小店的老板钻研出美味的食物，这同样是不同凡响的学习能力。

希望我们的孩子可以不为满足父母的期待而学习，因为比成绩更重要的，是他们在未来可以实现自我价值，并且可以乐在其中。

星空演讲

大家好，今天我想跟大家分享的主题词是——学习力。我们经常会听到一句话，叫作“学习力成就未来”，到底什么是学习力？它有这么重要吗？

小时候，我想大家可能听过一个词——主观能动性，其实就是想学、会学、坚持学，这就是学习力，它对我们的生活和学习至关重要。我相信很多爸爸妈妈都有这样的经历，开家长会的时候，会希望那些考试成绩好的孩子家长分享一些教育方法，让我们能够取取经，但是大多数情况下得到的回答都是“我平时真的不会指导他写作业的，都是孩子自己去学的”。这不是谦虚或者不愿意分享，而是这些孩子领会到了学习力的重要性。

在网上流传着一张清华学生的学习计划，我们可以在这张时间表上看到，他把时间安排得满满当当，他甚至会给自己写评语，比如，“做得好”或者是“加油”。即使是他进入了清华这样的学府，即使身边没有了父母的督促和管教，他依然保持着旺盛的学习动力，用一句俗话来说就是自觉。

今天我们请到的嘉宾，她对中西文化融合下的教育有着独特的理解和研究，她认为好的学习方法比努力更重要。对待孩子的学习，授之以鱼，不如授之以渔。她就是今天星空演讲的主讲人，上海青浦区协和双语学校执行校长——黄莹。

黄莹

华东师范大学教育管理硕士、英国桑德兰大学教育学硕士。先后在中国、英国等多所知名中小学进行教学及管理工作，理论联系实践，不断精进对中西文化融合下的教育的理解。

自2003年进入协和教育集团，参与组建和管理协和虹桥校区、协和尚音校区、协和浦东校区、万源城协和双语学校等多所校区，现任协和教育集团校区执行校长。任上海市闵行区政协委员，中国民主促进会上海闵行区中青年联谊会副会长。

培养孩子的学习力

黄莹星空演讲

大家好，我是黄莹。

因为工作的原因，我有很多的机会接触到不同的家长。我发现其实他们担心的问题都不是大的教育问题，而是一些非常小的琐碎的问题。有的家长说孩子写作文就像挤牙膏一样，怎么都写不出一篇像样的好文章；有的家长会担心孩子坐在课桌前，没有办法安心地做作业；有的家长会觉得，孩子怎么教都教不会。其实很多家长最后的一点点耐心和信心都是被这些琐碎的事情磨光了。今天我们就来谈一谈这个“一地鸡毛”的琐碎的教育方面的问题。

从古到今，我们一直说教育是一项因材施教的事业，为什么？因为我们每一个人都是不一样的个体，我们当中有一些人天生就在数理逻辑方面有非常强的天赋，也有一些人在音乐、美术、体育方面更加擅长，所以我们要明白，学习不仅仅是为了分数和考试，培养学习的能力也非常重要，而针对孩子不同的个性，培养他的学习力更为重要。

根据孩子的个性和差异培养适合他的学习力

我们作为家长都希望给孩子更多一点的支持，那么我们可以为孩子做什么，怎样去培养他们的学习力呢？今天我想从一句古话开始跟大家谈一谈，那就是大家耳熟能详的“**读万卷书，行万里路**”。这句老话放在今天，我们应该对它有新的解读，我想说的是——直接经验和间接经验。什么是直接经验呢？直接经验是我们大家通过亲身的体验、亲身的实践所获得的知识；而间接经验就是我们从他人或者从书本上获得的知识。

直接经验与间接经验是获取知识的两个渠道

读万卷书是间接经验，主要在于平时的一些阅读和积累。我建议家长在孩子养成良好的阅读习惯之前，能够陪伴孩子去读。在无形中，孩子的认字能力、理解能力就配合着书上的插画得到了进一步的发展。当我们把书翻到一半的时候，让孩子猜一猜结尾是什么，这是在锻炼他的推理能力，他需要根据前面读到的内容去思考后面会发生什么样的、比较合乎逻辑的结局。等到孩子可以读书破万卷的时候，他还会为一个“选词填空”犹豫不决吗？他还会为一个“概括段落大意”而头疼吗？一般来“说不会”了。

行万里路是直接经验。但凡是比较长的假期，我翻开我的朋友圈，那简直就是一个全球动态展。各个旅游地点的风情风貌，孩子们获得的特别的体验，都在微信朋友圈里面有所展现。那么既然孩子已经去旅行了，为什么今天我还要谈“行万里路”这件事呢？因为有家长跟我说：“我现在都不想带我的孩子去旅行了，因为去兜了一圈以后，发现他一直在刷手机，看完了风景以后根本没有什么感受，回来

东方卫视
教导有方
与其教会孩子知识，
不如教会孩子学习的方法。

东方卫视
教导有方
想学、会学、坚持学，
这就是学习力。

东方卫视
教导有方
希望我们的孩子可以不为满足父母的期待
而学习，更希望他们明白，比成绩更重要的是
他们在未来可以实现自我价值，并且乐在其中。

东方卫视
教导有方
让孩子享受教育的过程，毕竟只有
他们乐意了，才能更努力更高效地学习

东方卫视
教导有方
从来没有一个时代
像今天这样需要不断地
随时随地的快速高效地学习，
所以我们要拥有终身学习的能力。

东方卫视
教导有方
给孩子塑造终身学习的能力，
比当下他考一百分更加重要。

告诉我说：‘妈妈，作文我还是写不出来。’”她说这样的旅行还不如不去呢。我就想问她两个问题：

第一，你是否在平时的生活中教会了孩子如何进行观察？

第二，你的孩子有发呆的时间吗？

大家一定会觉得很奇怪，我为什么会提到观察。观察能力其实对提升学习的质量是非常有帮助的，而且观察能力是可以培养的。我们学校曾经带着学生去做“竹文化”的探究课程，当我带着孩子们到竹林里面去兜一圈，让他们仔细观察的时候，有的孩子进去出来只需要一分钟，他就跟我说他观察好了。我就问他：“那你观察到了些什么？”他说：“很多啊，竹子是绿色的，竹竿是一节一节的，这竹叶看上去确实像我们汉字当中一个、两个的‘个’字。”他说的是事实吗？是的，但这些事实都是显而易见的，这和我们所期望的观察是大相径庭的。其实在观察的过程中，我们要指导他们观察的技巧，很简单，就是**引导孩子学会有顺序地观察事物**，可以是从前到后、从上到下、从左到右，但是更重要的是从表面到内在。我们要**鼓励孩子运用多种感官去观察**，可以通过鼻子去闻，可以通过嘴巴去尝，可以通过耳朵去听，只要这个事物是安全的，孩子就会发现：竹叶闻上去有淡淡的清香；如果去尝一尝，它有一点微微的苦涩感；去触摸的时候，竹叶如果是从上往下摸，还挺光滑的，但是如果倒着摸，这上面怎么感觉有一个个小钩子在钩我们的手呢？再比如，孩子可以刨开竹子旁边的土，他会发现原来有竹鞭将很多根竹子连接了起来。这样的观察是不是就让竹子的意象变得非常具体、非常生动了呢？

今天我们在谈的似乎是“读万卷书，行万里路”这句古语，其实我想跟大家说的是，**与其教会孩子知识，不如教会孩子学习的方法。**学习的方法非常非常多，我们不可能在一天、在一个节目中去穷尽，但是如果我们这一次给了您一点启示，您可以不断地去学习，那么最终我们一定会掌握比较好、比较多的方法。

无论如何我们都不要忘记教育的初心，**要让孩子享受教育的过程，毕竟只有他们乐意了，才能更努力、更高效地学习。**

谢谢大家。

嘉宾对谈

访谈嘉宾：刘桂香

上海青浦区协和双语学校小学部主任。

方亭：谢谢黄校长刚才精彩的演讲，也欢迎刘老师来到我们的现场。我们知道刘老师教过很多学生，也教过很多的学科，有很丰富的经验。欢迎今天继续来跟我们分享一些好的例子。

其实刚才黄校长说到学习力的问题，我相信很多家长都会说："黄校长，我知道你说的是对的。孩子要是拥有学习力，主动学习又自觉，那我就不发愁了呀，可是他就不是这样的。"真的有很主动学习的孩子吗？

父母要懂得以身作则，努力为孩子营造良好的学习环境

黄莹：有。我们的家长要做到自己本身对学习有感觉。比如，你

精锐教育

喜欢读书，那最好；如果不喜欢读书，至少可以拿份报纸、拿份杂志看一看，这其实也是一种学习。让孩子看到你很愿意去看，而这里面有什么内容，渐渐地就把孩子吸引过来了。我们会发现，其实孩子比成年人更容易直接感受到你内心最真实的想法，这就是孩子神奇的地方。

方亭：就是给孩子营造一个学习的氛围。

黄莹：没错。

方亭：刘老师，我特别想问一下您，您教过这么多学生，在教过的学生当中，有没有那种学习真的就特别自觉的？

兴趣培养应遵从孩子的意愿

刘桂香：有的，很多。在一个班级里有各种各样的孩子，对于那种自觉的孩子，在刚开始的阶段，如果他的兴趣得到了家长的支持，得到了老师的鼓励，并且有所收获，这个孩子的学习力就会特别强。也许他开始只是一个数学好的孩子，但是因为他在学数学中收获了学习的快乐，可能这种快乐就会辐射到他的语文、英语等各个学科。

方亭：我们怎样去发现孩子的兴趣点，然后把它开发出来，让他通过这个点来增加学习兴趣呢？

刘桂香：这也让我想到了我的一个学生。作为一个插班生，他学习的各方面相对来说比较薄弱，在班级里他又非常容易情绪化，于是班里的孩子就觉得他怎么那样，当时的状况对他来说非常艰难。后来我发现了一个契机，他特别爱读《三国演义》，于是我就跟他说："你《三国演义》读得这么好，好多故事我都不知道，你来讲给我听吧。"他就开始给我讲官渡之战。他说："刘老师你知道吗？关羽这个人你们都觉得他特别好，其实他弱点可明显了，他这个人很自大，他最后就败在了这个弱点上面。"三年级的孩子可以跟我讲这些，我说："你太棒了，明天分享的时候你来给小朋友讲讲吧。"然后那一周他写了一篇作文，叫《我所欣赏的三国人物》。在我们学校，我们每一个阶段都有作文分享，并且做成一个公众号进行推送。很多人读了他的作文后，都觉得这个孩子怎么这么有思想，然后别的小朋友都朝他聚拢过来，从此以后他的自信心就提升了。然后我们发现，其实他真的没有他一开始所表现的那么弱，他之所以一开始看起来有点弱，是因为他在这个班级里没有找到归属感，没有找到认同感。这只是一个契机，这件事激发了他，所以我觉得这种感觉特别好。

鼓励孩子发现并培养自己的兴趣

方亭：发现了孩子的特长，又给了他信心。可能就是老师的鼓励，让这个孩子有了一个不一样的人生。

笼统的赞美不能引导孩子正确地自我评估

黄莹：所以说鼓励和正向的评价非常重要，学会表扬也是家长应该学的一个功课。很多家长都会说类似“你太棒了”“你太好了”“宝宝真厉害”这样的话。那么在孩子心里，什么叫好？什么叫厉害？什么叫棒？甚至是你为什么表扬他？不是每个孩子都知道的。

家长可以做个试验，回到家后如果觉得孩子某一件事情做得很好时，你就说：“宝宝，你太棒了。”然后你再问他：“宝宝，你觉得你棒在哪儿？妈妈表扬你是为什么？”不是所有孩子都说得出来答案的。

表扬时要对孩子的具体行为进行称赞

所以我们的表扬一定要说清楚是因为什么事情。比如，显而易见的是因为他很聪明，那你就不要表扬他“你很聪明”，因为他不能在这个方面再有其他的改进了，我们可以表扬他：“我本来以为你不太会喜欢这一类型的书，因为这本书没有插画，你现在居然可以读这么棒的书，你挺厉害的。”像这样的鼓励就落在了小的点上，让孩子知道你在肯定他的某一方面，后面他会给你更多的惊喜，他就会把这一块做得特别好。当他第二次在你面前这样做的时候，一定要加以巩固，不要第一次大肆表扬，第二次就跟没看到一样，那样孩子这个行为就不会再被正向强化了。

方亭：很多家长可能会说，我们知道要去鼓励孩子，比如，“你今天如果考试考了100分，我可以奖励你100块钱，然后你就可以把它存到你的小猪储蓄罐里面”。物质鼓励的方式好不好呢？

黄莹：语言鼓励和物质鼓励都是可以用的。从心理学来看，孩子在七八岁之前，其实是非常认物质鼓励的。给他一颗小星星也好，给他一张贴纸也好，送他一块小橡皮也好，他把这个小小的东西握在手上，会感觉，“这个东西它原来不属于我，现在是属于我的，为什么？因为我做对了某一件事情”。但是随着孩子长大，从人的心理需求来说，会慢慢从物质需求上升到精神需求。

不要一味依赖物质鼓励，随着孩子年龄的增加，提倡以精神鼓励为主

作为家长，我们要适当去调整，我们还是可以有一些小策略的。孩子如果写作业比较拖拉，家长可以和他一起玩一个游戏，你先大致看一下他的作业量，比如可能需要一个小时完成，你给他放宽到一个半小时，然后告诉孩子，当我们的时针指到某个位置的时候，如果你在这之前就完成了，我要给你一个奖励。怎么奖励？你省了20分钟，20分钟给你；你省了半个小时，半个小时给你。如果孩子那一天状态非常好，他可能会压缩到50分钟，就等于他总共节省了40分钟。当他拿到这40分钟作为他的奖励时间的时候，他会非常愉悦。那第二天你就可以把时间再缩短，在这样的情况下，他渐渐地就能走上轨道了。当然，奖励完了以后我们就要把它注销掉，让他了解到“我已经奖励过你了，你也享受过奖励了”。

方亭：今天我们说到学习力的话题，刚才我们探讨了怎样才能够让孩子自觉，还有关于学习能力方面的，也就是说怎样才能够让孩子更好地去学习。有没有什么优质的学习方法能够传授给家长和孩子？

引导孩子从浅层学习走向深度学习

刘桂香：我觉得学习方法应该是由浅层学习进入到深度学习。这让我想起我们的探究式学习——特别鼓励孩子发问。比如，我们学习唐诗《赠汪伦》时，孩子会提很多问题，有的问题就是浅层的问题，比如，汪伦是谁？汪伦住在哪里？汪伦为什么要去见李白？我们会给他们的问题进行分类。一类问题是一看就能知道答案的问题，这样的问题能提出来也不错。那么谁可以提一些需要查找资料才能知道答案的问题？还有谁可以提出需要研究、需要去咨询专家，甚至进行一个项目化研究之后才能找出答案的问题？这样进行引导，学生就从浅层的问题进入了深层的问题，而因为这个问题是他自己提出来的，所以当我们进行小组探究，再做进一步研究的时候，他会非常努力地去研究、去发现，最后找出答案。

方亭：我们刚才说了一些比较通用的方法，其实就是大家要沉下心来，然后仔细地去思考。

陪孩子写作业，我相信这可能是大家共同要面对的问题。有一句话说，不陪孩子写作业的时候母慈子孝，一陪孩子写作业鸡飞狗跳。我想问问，现场有多少家长会觉得这简直就是对自己生活的写照，举手向我示意一下。基本上有80%的家长举手了。我在家有的时候也会是这样的，我觉得怎么写一个作业要这么长时间！

黄莹：当你的孩子在认真写作业的时候，你像老鹰一样盯着他，他就像是要被你捕食的小动物一样。出了一点错，你就说他写得不好，其实这也是在打断他。

培养孩子的专注力，父母要避免打断孩子独立思考的过程

在培养孩子专注力的过程中，尽量不要打断他。在那时，你需要做的陪伴是仔细去观察，孩子在做作业的过程中出现了什么问题，是习惯方面的问题，还是知识点方面的问题，还是他自己自我要求比较高，还是心理上的问题。然后要默不作声，一定要憋住，坚决不说，等到孩子作业完成了一个篇章以后，你可以让他停下来，告诉他："我发现你在前面遇到了一个问题，妈妈觉得你这个地方肯定还没明白，要不要我再跟你说一遍？"或者说："其实我觉得你字写得挺好看的，不用不停地拿橡皮去擦。"

方亭：我有一个朋友，我觉得他的办法倒是挺好的。他是一个心挺大的家长，他的孩子上三年级，我问他会去检查孩子的作业吗，他说不检查，会让孩子自己检查一遍。然后我问孩子自己能查得出来吗，他说查得出来就查出来，查不出来第二天老师会打叉，孩子自己就知道哪里错了。

还有，在孩子写完作业后，我们可能会帮孩子整理一下书包——明天要带什么，不带什么。其实很多时候我发现，越是那种家长很轻松、孩子成绩很好的家庭，家长通常越会把这个权利交给孩子。如果孩子把书包整理好了，他能对自己负责，他就会很清楚地知道自己明天要上什么课，今天有没有把作业完成好并放在书包里。如果他没有带课本或作业，老师一定会说他的。

孩子在成长中犯错是难免的，需要父母的耐心引导

黄莹：我们千万不要怕孩子犯错，因为我们每个人都是在犯错中成长的。犯了错以后，如果让孩子学到了教训，能避免将来再犯类似的错误，这个错误就犯得非常值得。有时候我们是迫不及待地在等待教育的契机，孩子的问题出现得越早，你介入得越早，就越不会变成大问题。

成绩不能决定未来，但努力的程度会

方亭：刚才我们说的这些让我想到了您之前的演讲，有一个主题说得特别好——我们要给孩子塑造一种终身学习的能力，这比当下他考100分更加重要。谢谢二位的分享，我相信对家长来说肯定也是特别有益的。

专家点评

“学习力”就是把知识资源转化为知识资本的能力，简单地说就是学习动力和能力。提升学习力的方法：阅读—观察—实践—智慧。

1. 培养阅读习惯。古人云：“书中自有黄金屋，书中自有颜如玉。”阅读最大的好处是让求知的人从中获知，让无知的人变得有知。阅读能让我们增长知识、开阔视野、提升境界。

2. 学会观察（运用感官体验）。家长应了解孩子的感官特征。例如，家长应孩子欣赏大自然中的各类植物，通过眼睛看到植物的色彩、形状、大小等，用耳朵倾听植物的声音，再用鼻子闻味道，用手触摸、体验植物的生命力，用身体去感受，用心灵去体会——这是一个非常有趣且有意义的观察学习和体验的过程，寓教于乐能激发孩子的学习兴趣和动力。

3. 勤于实践。将知识转化为经验。对于孩子来讲，说“这道题我见过”是一回事，“这道题我做过很多次了”又是一回事。从理论到实践能提升孩子的交流能力、思维能力、实践能力和解决问题的能力。

4. 提升智慧。父母在孩子失败或受挫时的教育方式和态度很重要，不能一味地说教和批评，而应启发和引导。父母应情绪稳定地告诉孩子：“在家里父母可以让着你，给你创造赢的机会；可是到了外

点评专家：宋娅茹

中科院心理学博士，国家二级心理咨询师，上海12355青少年公共服务中心理事。潜心致力于身心健康教育和心理咨询及疗愈工作，擅长领域：儿童青少年问题及婚姻家庭、创伤处理、危机干预等。

面，大家都与你一样，是平等的，没有人会刻意让着你，每一次成功都要靠自己的努力和智慧赢取。”

通过这样的引导启发和互动性思考，孩子不但可以学到技能，还能经受挫折的考验，提升自信心，更能诱发下次学习的动力。

案例分析

12355接到何先生的来电，他表示儿子五年级马上要升预备班了，但学习一点也不自觉，总是要三催四请地求他去写作业，写作业时又特别马虎，喜欢拖延，但孩子又表现出不是特别讨厌学习的那种状态。家长不知道该怎么去引导孩子，培养他自主学习的能力，为此很是焦虑。

家长习题：

1. 孩子是从什么时候开始表现出对学习方面的不自觉的？

2. 孩子学习不自觉的内在原因是什么？

3. 孩子在家里完成作业的模式是怎样的，陪护式？催促式？惩罚式？添加式？独立式？

4. 除了学习，孩子在其他方面的自主性如何？

解决策略：

首先，查找原因，对症下药。当看到孩子对学习似乎不上心的时候，家长千万不要忽略孩子发出的重要信号，其实孩子很可能是遇到了困难，但是却不知道如何表达与解决，因此只能用逃避或是拖延的方式来缓解自己的焦虑。

其次，面对现实，换位思考。孩子更多的是需要我们家长的理解与支持，以及必要的等待，而不是劈头盖脸的训斥，这种教养方式只是宣泄了父母自身的情绪，不但对孩子的学习丝毫没有帮助，反而容易导致孩子厌学、弃学。要学会站在孩子的角度进行沟通，让孩子感受到，家长关注的重点不是分数，而是在帮助他一起面对问题，要使孩子内心感受到家庭的支持。

最后，自主学习，扩展范围。五年级是家长培养孩子自主学习的关键期，家长要引导孩子明确正确的学习方向，学会自己解决问题，比如，用积累错题库等方式帮助自己做好各学科的知识巩固，父母还可以把自己过去自主学习的方法传授给孩子。家长们不要简单地认为只有在读书方面才需要自主，其实生活中也需要人自主学习。当孩子在生活中遇到困难的时候，家长要引导孩子自己找到解决问题的方法，逐步帮助孩子提升综合能力。

（上海12355心理咨询师　蔡海超）

6

平凡而不平庸

——与廖慧如对谈

方亭说

近几年，我们经常听到一个词——匠心，做事要有匠人精神，什么是匠人精神呢？就是专注地做一件事儿，而且能够把它做到极致，能够把平淡的生活过得有滋有味，以一颗平常心追求自我的价值。我记得汪国真在《平凡的魅力》中曾经写过一句话，他说：“我不会蔑视平凡，因为我是平凡中的一员，我的心上印着普通人的愿望。”

生活中，给予我们更多温暖的，可能不仅仅是那些伟大的发明，更多的，也许是当你忙碌工作时，同事们和你一起攻克难关的坚持；是生病的时候，护士在悉心护理你时的专业。虽然这些温暖、平凡近乎简单，却实实在在地在那一瞬间让我们感受到平凡的伟大。

只愿你一生温暖纯良，不舍爱与自由，愿每个孩子都能够在平凡的生活里超越庸常的琐碎，发现闪光的内心，发现一个不平凡的自己。

星空演讲

今天我想跟大家分享的主题词是——平凡而不平庸。谈到培养孩子我们总会说，我们要培养一个杰出的孩子，或者说，谁谁家培养出了一个学霸。如果我问您，我们一起来培养一个平凡的孩子吧，您会是什么反应呢？

我曾经看过一本书，叫作《坐在路边鼓掌的人》，其中有一个故事特别地打动我。有一个长相普通，成绩也很普通的小女孩，在班里的一次关于“你最欣赏哪位同学”的小调查里，获得了全班同学的认可，同学们希望由她来担任班长。这个女孩听到同学们的赞赏后，认真地对妈妈说：“妈妈，我听说当英雄路过的时候，总要有人坐在路边鼓掌，我不想成为英雄，我想成为那个坐在路边鼓掌的人。”我们常常会为孩子的一些理想而自豪，比如，科学家，再比如，经济学家。如果我问您，“您的孩子的理想是成为一个做面点最好吃的面点师，您会觉得自豪吗”？科学家可以给我们带来伟大的发明，而面点师可以给我们带来美味的食物。世界很大，学会在平凡中以欢喜心过生活，不与平凡的自己为敌，是我们每个人都要学会的课题。

今天我们请来的嘉宾是一位平凡的母亲，她怀抱对生活的感恩之心，用生命温暖生命，她在平凡的岗位上追求着不平凡的教育理念，她就是我们今天的嘉宾——“园长妈妈”廖慧如。

廖慧如

拥有20多年幼儿教育执教经验，曾任国际幼儿园园长，人称“园长妈妈”。安徽卫视《超级育儿师》、芒果TV《妈妈是超人》双料育儿导师，酷我音乐独家合作之《爸妈行不行》主播。合景教育集团学前教育总监。

平凡而不平庸

廖慧如星空演讲

大家好，我是“园长妈妈”廖慧如，也是一个有着26年教龄的学前教育工作者，更是一个27岁孩子的妈妈。今天我要跟大家分享平凡这件事，对此其实我是非常有感触的，这件事情也让我想起我跟我孩子之间的一次很重要的对话。

他说：“妈妈，我问你一个问题，如果，如果，我是说如果……”他再三跟我强调“如果”，他说：“如果我很平凡，可能我就一直都是这个样子，妈妈，你会不开心吗？”我记得那时候我正好开着车，正常来讲，我们可能会随便回应他“不会啊”，但是我觉得这个问题对我非常重要，对他也非常重要，因此我立刻把车子停在了路边。他说：“妈妈，我觉得我可能无法成为大家认为的那种很成功的人。”然后我看着我孩子的时候，其实心里一直在想，或许这是长久以来我也想对自己做回应的一段话。我很认真地握着他的手，跟他说：“孩子，你要记得一件事情，这个世界上有99.999%——不管你要加多少个9——的人，其实都是很平凡的，像妈妈一样。只有那很少很少的人，可能会成为像比尔·盖茨、乔布斯、马云、马化腾这一类很厉害、很厉害的人。**但作为一个母亲，你认为那99.999%的人跟0.001%**

的人有什么差别？都是我的孩子，对不对？所以从妈妈的角度来讲，其实都是一样的。”

大家都在说，孩子是一张白纸，因为这样我们就可以在上面书写很多东西。但是我想跟大家分享的是，我希望每位家长在成为父母之后都能成为一张白纸，我们要把过去的经验丢掉，才能够真正地理解，能够好好地让孩子健健康康地长大是多么不容易的事情。

因为我们曾经都有很多的雄心壮志，我们都很希望将来成为伟大的科学家、伟大的发明家、伟大的文学家，成为伟大的人，但是到最后其实我们都是在社会中作为重要部分的“螺丝钉”。

我们的人生并非可以如我们想象的那样推进，我们很难让孩子知道，要成为不平凡的人应该是什么样的，所以我经常说，我们应该从自己做起。当我们自己有意识地去做一些改变时，孩子其实从我们身上就会学到“原来我可以这么做”“原来这么做下去之后我可能会让我的人生不一样”，而不是在这么小的孩子面前跟他讲“你一定要成为一个不平凡的人”“爸爸妈妈把所有希望都放在你身上了”这样的话，因为孩子从来不知道必须怎么做才能做到我们所希望的那样，而背负着别人的希望成长是非常沉重的。

我经常跟我的孩子说：“你只要好好吃饭，好好说话，自己的事情自己做，那么我觉得，你就已经为很重要的人生打了很重要的基础了。”如果我们把这些成长的力量、成长的方式、方法回归到孩子本身，你会发现每一个孩子都像黑暗中的萤火虫，都在闪闪发光。

东方卫视
教导有方
我们希望每一个孩子，
虽然过着平凡的人生，
但是他可能在每一个很重要的高光时刻，
都让别人看见他不平凡的点。

东方卫视
教导有方
我不会蔑视平凡，因为我是平凡中的一员，
我的心上印着普通人的愿望。

东方卫视
教导有方
人生最重要的并不是在起跑点，
他很可能是在一个转弯的地方，
然后他弯道超车了。

东方卫视
教导有方
或许在我们眼里，
隔壁家的小明是很棒的，
但是也有可能隔壁家小明的父母亲的眼里，
我们家的小宝才是很棒的。

东方卫视
教导有方
对于人生来说，
成功不能用分数和名次来衡量。

东方卫视
教导有方
把这些成长的力量，
成长的方式方法回归到孩子本身，
你会发现每一个孩子都像黑暗中的萤火虫，
他都在闪闪发光。

我们希望**每一个孩子虽然都拥有平凡的人生，但是他能在每一个很重要的高光时刻，让别人看见他不平凡的点**。我相信这大概是所有父母、老师这一辈子最希望看到的事情，而不是希望他真的成为一个“大人物”。成为“大人物”固然好，但我们可能都会忽略成为一个不平凡的人背后所要付出的一切，他也许要牺牲自己的健康，他可能要付出很多我们普通人无法想象的代价。

如果我们帮他把高光时刻的亮点记录下来，你就会发现，当他在某一个领域发挥得越多，被我们记录得越多时，那个高光的点肯定就是他不平凡的地方。希望这样的分享能够帮助更多的父母看到孩子不平凡的亮光，也让每一个人在育儿的路上能够更开心，能够**顺着孩子的性格，顺着孩子的发展，培养出更多不一样的孩子，而不是培养出长得都很像的孩子**。这是我的分享，谢谢大家。

嘉宾对谈

访谈嘉宾：刘科（蔓蔓妈妈）

学生家长，复旦大学老师。

方亭：我们怎样才能让孩子成为一个平凡但是不平庸的人呢？说到这个话题，我想到了很多我们对孩子的要求。比如“你看别的孩子吃了两碗饭，你怎么才吃一碗饭？”“人家孩子今天晚上都看了两本书了，你怎么还没看书？”这种比较，像隔壁家的“小明”，无时无刻不出现在我们的生活中，遇到这种情况该怎么办呢？

廖慧如：应该这么说，从小跟着我们长大的如影随形的伙伴叫小明，他随时都会成为被比较的对象，因此也经常有家长来问我，“我的孩子都比不上班上的谁”或者“你看我们隔壁邻居家的小朋友，跟他年纪差不多，他就已经能做什么了”，等等。现场的爸爸妈妈此刻也可以跟我一起做个动作，当你每次很焦虑的时候，把五根手指头伸出来，你看一看你的五根手指头，其实不是让你看手指头长得美不美，而是说这五根都长得不一样。一开始我们生而为人，五个东西就

不一样，你怎么能够期待自己的孩子跟别人一样？更不可能期待孩子跟我们过去一样。我觉得更主要的一点还是，要回过头去看看孩子跟别人不一样的地方。或许我的孩子饭吃得不多，但是他只要把盛给他的东西都认真地吃完就可以了，为什么他必须跟别人一样吃两碗饭？再比如阅读，他可能花15分钟很安静、很认真地把这本书读完了，他甚至可以把他刚刚读过的东西画下来，这就足够了，我觉得他不一定非要读两本书。或许在我们眼里，隔壁家的小明是很棒的，但是也有可能在隔壁家小明父母的眼里，我们家的小宝才是很棒的。

方亭：蔓蔓妈妈，您孩子多大了？

蔓蔓妈妈：9岁多了。

方亭：那就是上小学的阶段，可能每天都会面临做功课的问题。

蔓蔓妈妈：对。

方亭：你有没有每天比较，“为什么别的孩子做了两本作业了，人家一个小时就做完了，你为什么两个小时才做完”？

适当的比较能帮助家长找到孩子的位置，让孩子跟上大人的步调

蔓蔓妈妈：我觉得适当的比较是需要的，因为家里就一个孩子，我们也没有养育其他孩子的经验，所以如果不比较的话，我们不知道自己的孩子处于这个阶段是不是正常的状态。

方亭：我们可以自己在心里衡量，孩子大概在一个什么样的水平，我们怎样去努力才是正面的。

蔓蔓妈妈：很多爸爸妈妈都会给孩子提要求，因为我们都是从小过来的，我们会有各种各样的标准，比如，写字今天必须写多少，算术要算多少，在幼儿园阶段拼音要学多少。但事实上，你不知道量化的标准是不是完全符合他的发展，他能达到吗？

比较要建立在合理的标准之上，不能以家长想当然的标准去要求孩子

如果他有一个星期按照你的要求去做了，就算一直坐在那儿都没有达到你的要求，说明你的要求太高了，对不对？所以你这个时候要慢慢地给他降一点标准，反复地跟他进行磨合，比如，“今天我们做10道题行不行？”“明天我们能不能挑战15道题？”这样下来他会有很大的成就感，他会跟着你的步调走。这样你也不会焦虑了，因为你看到他的进步了。

方亭：对，其实说到比较的问题，我孩子学校的老师是不会告诉我孩子在班级排多少名的，他只会把试卷发到孩子的手上。我就问老师：“你这样做，其实孩子都不知道自己在班里是一个什么样的情况了。”老师说：“我不需要孩子们来互相比较，我只需要他跟自己去比。”

健康的比较，是自己与自己的竞赛

廖慧如：我自己有一个孩子，他在很小的时候其实也是这样一路走过来的。因为我自己是幼儿园老师，所以会很容易去做很多的道

具，然后放在家里。因为在幼儿园是不可能有“分数”这个标准的，但一进入小学就会有了。

用道具建立孩子的学习内驱力

在我家角落的一面墙上，我在那里做了一棵树。大家知道树是有树干的，树干会分叉出很多树枝。我会在每一根树枝上面刻上刻度，假设这个刻度是60，假设那个刻度是70，那么它意味着，每一次孩子拿到一张卷子回来之后，它上面会有个分数，会有一片树叶往树枝上面贴。这样他自己看起来就很直观了，“我这次的树叶长‘高’了”，他就更想去让它的树叶在上面越长越高，当一个学期结束后，他大概就知道他那棵树长成什么样子了。

方亭：我觉得这是个很好的办法，对孩子也是一个正面的激励，像一棵小树，你发现每次它的叶子都更高一些了。

廖慧如：这么一来他自己就很乐意，因为他一定会想要往最上面的树枝上贴树叶，然后他自己就会有一种自我驱动力去把树叶往上贴。其实我根本就不用去盯他的功课，功课如果要由父母花时间来盯，真的盯不完，因为你会发现他永远达不到我们的要求。

方亭：让孩子知道了怎么样去学习，他就可以自觉地、自信地去学习。而且很多时候我认为，我们拿自己的孩子去跟别的孩子比较，认为隔壁家的小明有多好多好，其实是因为我们家长自己很焦虑，有没有什么方法让家长能够克服这种焦虑？

降低家长焦虑的方法：通过橡皮筋来提醒自己，多找孩子的优点

廖慧如：我觉得要解除家长的焦虑，可以准备几条橡皮筋。每天早上起床之前，给自己左手套5条橡皮筋，要做什么呢？因为我们每天总是嫌弃自己的孩子，觉得他这不好那不好，当你有这个念头的时候，你就把一条橡皮筋挪到右手，当你发现你的右手多了一条橡皮筋，就说明你可能要去找找孩子身上的亮点了，你要去发掘他做得好的地方，找到后你再把这条橡皮筋挪回你的左手上。你永远都要保持左手的橡皮筋是5条，如果最终你右手的橡皮筋比左手的多，那表示我们应该检讨自己，为什么我们总是在找孩子的缺点，而不是找他更好的甚至在进步的地方？这个方式可以提供给父母，以减轻大家的焦虑。

方亭：其实我也特别想跟电视机前的爸爸妈妈们说，很多时候我们在心里不自觉地去比较的时候，我们要放轻松一点，有的时候孩子究竟是做了两本作业还是一本作业，对于他人生的长河来说到底有多么大的区别呢？可能几乎没有。而给他一种快乐自信的心态，也许对他来说才是最重要的。

完成多少作业对孩子的人生长河来讲没有太大影响，而自信和快乐才是最重要的

廖慧如：有的时候我们会把很多的期望建立在孩子身上，我们过去做不到的就希望孩子做到，然后总在心里想“你比我强，你要赢在起跑线上”。但我们往往会发现，人生最重要的并不是在起跑线上，

他很可能会在一个转弯的地方就弯道超车了。这其实需要靠成长过程中父母不断地帮助孩子建立信心，才能够让孩子在弯道发现自己的长处，然后变得更好；而不是一路由我们在背后推他，就像推一块石头上山，那样其实是很累的。

方亭：蔓蔓妈妈，您觉得您的孩子是一个平凡的孩子吗？

蔓蔓妈妈：当然，非常平凡。我只是想说，要更早地发现一个问题，你首先要正视自己能不能享受当下的生活。我跟他爸爸两个人都是这样想的，你交给他很重要的任务也好，或者是在学习中的任务也好，不就是挑战一下，对不对？他慢慢地进步，你一点点地给他加任务，比一下子砸给他那么多东西，并且不告诉他怎么去完成、怎么分步骤去走要好得多。

帮孩子拆解任务，才能让孩子感受到挑战的乐趣

你对孩子说："我给你这本书，要一个月读完。"一个月读完是什么概念？他没有概念。你就告诉他："我们一天读3页，这样一个月就能读完了。"一天读3页啊，他会觉得很简单，而且他很容易享受其中的乐趣。

方亭：对，所以我觉得刘老师是一个很有智慧的妈妈。这又引申到另外一个话题，就是现在很多时候我们会说，你的孩子是不是一个平凡的孩子，是不是最优秀的孩子，我们会以学习成绩好坏来下定论。

对于人生来说，成功不能用分数和名次来衡量

对于人生来说，怎样才算是成功？其实更多的可能真的不是之前考了多少分，考了多少名，而是他是不是有幸福感，他是不是做了他自己真正喜欢做的事情。

廖慧如：对，我觉得一个成功的人不管是平凡还是不平凡，有两点是很重要的：首先他一定要健康，第二他一定要懂得感恩。如果孩子具备了这两点，哪怕他很平凡，他也一定会有一个时刻会被别人看见他特别不一样的地方。

就像我们大家都很平凡，可是我们也会有那么一个时刻会有机会来跟大家分享不平凡的经历。

一个健康的、懂得感恩的孩子会拥有成功的人生

方亭：我想到一个例子，我有一个好朋友，夫妻俩都是哈佛大学的高才生，他们有两个孩子，大女儿也被保送到了哈佛大学，非常优秀，他们对小儿子有着特别高的期望。但这个妈妈很焦虑地跟我说："你知道我儿子的理想是什么吗？他想做个厨师，他的理想怎么可以是个厨师？他以后要当企业家，还要接我们的班的。"她一直纠结这个问题，但孩子的爸爸非常支持孩子："我希望我的孩子是快乐的。也许对于我们来说，做企业家是快乐的，但对于他来说，做出最好吃的饭菜，在烹饪的过程中就是快乐的。你怎么能说这样就不是成功呢？"

廖慧如：是，的确如此。

方亭：可是回到现实生活中会有一个问题，如果你成绩不够好，没有考上最好的大学，你可能真的不能找到一份好工作，到时你会发现，其实我并不满足，那个时候就会很纠结。

廖慧如：到时候即使不满足，他也已经成为一个大人了，他更有动力去改变，然后去取得他想要的成绩，他可以继续去进修，可以继续去学习，但我觉得这个一定是靠自觉，而不是由爸爸妈妈一直推着。

每一个替代孩子的决定，都会成为大人的巨大负担

他会觉得，“读书是我为了满足你，我人生的前20年为爸爸妈妈而活，所以我选择了这所学校，选择了这个专业，等到我可以为我的人生做决定了，我所有东西都被推翻了”，我相信这也不是爸爸妈妈想要的。我们首先要问自己，“这是我们想要的人生，还是他想要的人生？我们对他的期望是对我们有益，还是对孩子本身有益”？

方亭：那么，除了要有平常心之外，我们还能为孩子做些什么？

廖慧如：我觉得有很多事情可以跟孩子一起做。在孩子的成长过程中，我发现父母常常会跟孩子讲，“宝宝你要做这件事情，这件事情你只要做得好，你以后就会很厉害，你努力去学钢琴，努力去考级，考上了之后你会怎样怎样”，父母都帮他把未来规划好了。可是我们忽略了一件事情——学习是很痛苦的，学习是有难度的。我们怎样陪伴孩子走过学习的阶段，有很重要的一点就是，我们能不能跟

他一起做这件事情？我们一直在讲，榜样的力量是很重要的，如果孩子没有看到他的父母也在这么做，那么他很可能会觉得：“你都不做了，为什么我要做？”

不要忽视学习的难度与痛苦，想要孩子做到，家长要与孩子共同体验

方亭：对，我们家孩子也是这样。我跟他说：“你吃饭的时候一定要认认真真的，不可以做任何事，听故事、看书都不可以。”可是有的时候，我吃饭时就会看手机，他会说：“妈妈，手机不上桌，你要认真吃饭，你把手机拿到旁边去，你要跟我一样。”我说：“好，那我跟你约定，以后我们两个互相监督，你要认真，我也要认真，谁做得不好的时候，要给对方提醒。”我发现这个办法很有用。

廖慧如：而且我觉得走过这个阶段你会发现，我们自己也在提升，当我们在提升的时候，孩子分分钟就会改变。我们先从自己做起，如果连我们自己都做得很平凡，那我们就会知道，即使孩子很平凡也是理所当然的。

方亭：谢谢二位今天和我们一起分享，我们也希望今天的这个话题可以给大家一些启示，也许并不是隔壁家的小明就是最好的，很多时候我们的孩子都在做着平凡的事情，希望家长们能够和孩子一起，在这些看似平凡的事情中，陪伴他们收获不平凡的感受和幸福。

专家点评

培养孩子在平凡中成就不平凡，对家长来说是一个从观念到行动的挑战。一方面，“望子成龙，望女成凤”是家长常有的心态，这样往往会忽略孩子本身的兴趣和成长过程中的“高光”点，让孩子活得并不幸福；另一方面，要想让孩子在平凡的人生中孕育不平凡，家长本身的陪伴、引领和示范作用都不可或缺，这个过程需要家长和孩子良性互动、共同成长。要培养孩子平凡而不平庸，需要家长做到以下几点。

1. 关注孩子的身心健康。培养孩子规律的生活方式和运动习惯，常怀感恩之心，珍惜当下幸福，是在平凡中追求卓越的基础，如果没有健康的体魄和心理，孩子的成长和发展将是空中楼阁。

2. 尊重孩子，平等对话。家长要俯身与孩子平等交流，重视并接受孩子正确的意见与建议，为孩子将来创造更多惊喜与奇迹提供机会，增强孩子的自尊心和自信心。

3. 发现并支持孩子的兴趣。培养孩子的兴趣与专长，要让孩子懂得，不论职位高低，适合的就是最好的，支持孩子在平凡中坚持不平凡的努力，不断提升孩子的成就感与幸福感。

点评专家：颜苏勤

应用心理学硕士研究生导师，国家二级心理咨询师考评员，中国职教学会德育工作委员会理事，12355青春在线青少年公共服务中心工作室专家。

4. 期望与能力相适应。家长的教育期待与孩子自我提升的动力要尽可能保持一致。家长要找准孩子的“最近发展区”，让孩子跳一跳就能达到目标，要按小步走原则，拆分任务、给予指导，并及时给予肯定和表扬，激发孩子更主动、强烈、持久的内在动力。

案例分析

王同学今年上初一，他来电咨询说自己最近压力实在是太大了，他觉得妈妈一直在过分地要求他。王同学觉得自己不是那种聪明的孩子，但是为了满足妈妈的要求，总是很努力地在学习，学习钢琴、学习书法、学习舞蹈，一切都在按照妈妈的意愿进行着。妈妈总是说她以前没有走艺术这条路，但艺术培养可以提升自身，所以把她有遗憾的事情都安排在了王同学的学习生活中，梦想着他能在艺术道路上发光发热。可是长期这样，王同学压力越来越大，这些都不是他想要的，他想知道自己该怎么跟妈妈交流，让妈妈接受这个想当平凡人的自己。

家长习题：

1. 作为家长，您认真了解过自己孩子的兴趣、天赋和能力吗？

2. 当您期待的某项技能孩子无法完成时，您会如何帮助他？有具体的方法吗？这些方法是您一个人确定的，还是和孩子共同商讨的？

3. 当孩子开始主张自己的意愿，并且强烈要求自我成长时，请仔细想想，您那种不放手的做法是在担心什么？

解决策略：

王同学正值青春期，这个阶段的孩子往往以自我为中心，但由于缺乏丰富的生活经验和人生阅历，又导致他们无法站在家长的角度思考父母的言行。妈妈要明白，孩子正迫切地想要做自己的主人。

我猜，王同学的妈妈应该有很多次表达过“我是为了你好”“我不希望你将来像妈妈一样”“我就是想培养你的艺术涵养”等类似的意愿。在孩子看来，这只是妈妈对自己无法实现的愿望的一种补偿，孩子还看不到这对自己今后多方面发展有利的那一面，就是单纯地觉得妈妈这是在给自己制造压力和负担。

这时候，家长一定要和孩子进行有效的沟通，而不是一味地说“我是为你好”，要和孩子说清楚其中的原因。在和孩子的沟通交流中，可以培养孩子换位思考的能力和习惯。同时，还要注意沟通时的情境，注意孩子的情绪，要选择亲子双方都可以做到专注的时间和场合，不要一边看手机一边和孩子聊天。家长要注意放下架子，真诚地了解孩子的想法，并积极回应孩子。

（上海12355心理咨询师　陈光方）

7 培养赢在未来的孩子

——与张怡筠对谈

方亭说

今天，我们说了赢在未来，说了情商教育。如今我们可以乘坐高铁，实现坐地日行八万里；我们可以轻触指尖，在手机屏幕上与世界相连；我们可以足不出户，在家就享受到现代社会的富足和便利。我们可以想一想，再过十年，当我们的孩子踏入社会的时候，他们面对的将会是什么呢？

我希望他们未来可以有“悟以往之不谏，知来者之可追”的豁达，也可以有“刑天舞干戚，猛志固常在”的豪迈。路在脚下，志在心中；把握当下，赢在未来。

星空演讲

今天，我想跟大家分享的主题词是——赢在未来。

赢，可能是我们在教育孩子的过程中最常见的一个字了。一场足球比赛，我们希望他能够赢得冠军奖杯；一次日常的考试，我们希望他能够赢得全班第一；甚至有时候，我们希望他能帮我们赢回过往岁月的遗憾。不过最终，大家想一想，对于孩子来说，他到底赢得了什么呢？可能是眼前的奖杯和荣誉、礼物和掌声，这些固然是好的，但是我们更希望的是孩子能够赢得一生、赢得幸福。

在未来面前，我们都毫无经验，也来不及彩排。如果要让孩子赢在未来，我们究竟该教他们什么呢？今天来到我们现场的这位嘉宾，她是幼儿情商教育的提倡者，让“情商力”的概念被大众所接受；她“轻松说道理，明确讲做法”的风格，让更多的人能从心理学的角度审视自己并找回自己的心灵花园；她少年立志，潜心寻找治愈生命的温度和方向；她苦心钻研，用11年的任教经历和20多年的研究成果传递情感的力量。她就是今天星空演讲的主讲人，心理学博士、情商教育专家——张怡筠。

张怡筠

著名心理学者，情商教育专家，“张怡筠情商教育”创始人。美国佐治亚理工学院心理学博士，研究所任教11年，研究情商24年。曾任央视《开学第一课》的心理专家，央视《心理访谈》、湖南卫视《变形计》、上海电视台《心灵花园》节目的心理嘉宾及主持。全国首档儿童情商教育节目《情商魔法课堂》总策划及嘉宾主持。

多年来专注于幼儿及青少年情商教育，建立了“张怡筠幼儿情商分龄培养体系”，创办“卡卡幼儿情商力”幼儿教育完整课程体系，开展针对2~6岁儿童家庭及幼儿园情商教育的全方位教育应用，包括“情商教练父母课”“卡卡情商亲子课”等。创办了多年来备受欢迎的“张博士青少年情商夏令营”，并在上海中小学教授“青少年情商课”。

著作有受邀与央视《开学第一课》节目合著，给全国中小学生的情商成长书《幸福在哪里——影响一生的12堂幸福课》。

培养赢在未来的孩子

张怡筠星空演讲

大家好，我是张怡筠，今天我要分享的主题是——如何培养能够赢在未来的孩子。我知道爸爸妈妈都很关注孩子的教育，希望孩子获得最好的成长。那天有位妈妈说，她一直觉得自己应该算是个好妈妈，花很多时间陪伴孩子，也特别关注孩子的成长，但是发生了一件事，让她对自己的人生产生了巨大的怀疑，发生什么事了呢？

她说回家看到孩子没写作业在打游戏，她心里面的火噌地就蹿起来了，她立刻发飙说："你怎么那么不上进，还在打游戏！我们小时候多么重视学习的机会，多么努力地在学习。"结果这个孩子抬头看一眼妈妈，跟妈妈说："妈，那是以前，我是要活在以后的，你用以前的方式在教我，我怎么能够活在以后呢？我们老师说了，以后我们要跟机器人一起生活，打游戏早就不是一件不好的事情了，你能够想出一种方式帮助我活在未来吗？"听了孩子的话，这位妈妈当时竟哑口无言。

以往的教育方式不再能够帮助孩子走向未来，未来已经到来，家庭教育理念需要同步升级

很多孩子与父母都发现了，其实未来已经到来了。你会发现，人工智能已经出现在我们的生活中，人们出门几乎不用带钱包，凡事只需要刷个脸就行。但是，我们在享受这些科技的便利的同时却完全忘了，孩子即将面对的未来跟现在完全不一样。因此，爸爸妈妈最需要做的事情就是让自己的教育理念同步升级，要有未来的育儿观，才能够培养出面对未来的优秀的孩子。接下来有一个大问号就是：面向未来，什么样的能力越来越重要？这个问题许多专家都在关注。

一个重量级的未来学者、教授赫拉利说道，**在未来人工智能的时代，人类必须谨守情商以及韧性，才能够帮助我们赢得跟机器的战争**。所以，情感的力量是未来最重要的“胜任力”，因此，情商教育刻不容缓。

面向未来，情感的力量越来越重要

既然情商如此重要，那么情商到底是什么呢？简单来说是四大能力的总称：

第一，自我情绪理解能力。

第二，能够做自我情绪管理。

第三，能够理解别人的感受。

第四，有能力去经营双赢的人际关系。

想要培养能够胜任未来的孩子，家庭教育究竟该做些什么？我一直认为，在新时代，家庭教育一定要有新的目标，是什么目标呢？是

东方卫视
教导有方
拼智商拼不过机器，
我们要想办法发挥情感的力量。

东方卫视
教导有方
在未来面前，
我们都毫无经验，
也来不及彩排。

东方卫视
教导有方
在人工智能的时代，人类必须遵守情商和韧性，
才能赢得与机器的战争。

东方卫视
教导有方
爱孩子是本能，
教孩子才是本领。

东方卫视
教导有方
如果我们有终身学习的能力，
一直抱有学习的热情，
我们就可以赢在未来。

东方卫视
教导有方
帮助孩子走向未来、胜任未来，赢在未来，
家庭教育要从情商教育开始。

培养“新三好孩子”，包括情商好、习惯好、身体好。因此，父母最重要的角色，我认为是做孩子的情商教练。

父母要做孩子的情商教练

情商教练需要做什么？就是帮助孩子培养他的内心能力，即不仅能够应付当下，而且能够胜任未来。所以，**要帮助孩子能够走向未来、胜任未来，而且赢在未来，家庭教育要从情商教育开始。**

谢谢各位！

嘉宾对谈

方亭：对于孩子的未来发展，哪些能力是最重要的？让我们看几段采访片段。

家长1：排第一位的肯定是情商，因为很多研究已经证明了，好像情商比智商更重要，所以我希望他最佳的能力是情商能力。然后希望他智商高一点，当然健康也很重要，希望他情商、智商、健康、快乐都能拥有。

家长2：健康的身体是一切的基础，在这个基础之上，我希望他有一个完善的人格以及健全的心态，希望他有能力让自己每天的心情都很好。然后有良好的人际沟通能力，这样，在人群中会比较受欢迎，做起事情来也会顺畅很多。我希望他能够自信地表达自己的想法，遇到困难和问题时可以不畏惧挑战。

家长3：我认为最关键的就是一个孩子的抗挫力一定要强，因为只有他有了很好的抗挫力，在面对人生路途中所有的困难的时候，他才能越挫越勇，他才有勇气去迎接一切挑战。学习成绩代表的只是一个阶段的表现，我们常说“授人以鱼，不如授人以渔”，所以我想，经过了那么多年的学习，他肯定掌握了一些学习的方法，所以对于成绩我并不是那么看重。

家长4：第一是身体健康，第二，我希望宝宝长大以后在情商、人品以及相处之道方面突出一点。因为工作了这么多年，还是觉得人和人之间相处比较重要。学习方面，我个人觉得成绩处于中等就可以了，还是希望可以给孩子多一点时间去看看外面的世界，或者说让他多玩一会儿，不需要一直在课本上面花太多的功夫。

方亭：我们一直在说要培养孩子的情商力，而不是说要看重孩子的学习成绩，那么我们为什么要培养孩子的情商力呢？

张怡筠：这两件事情绝对是可以肩并肩的，爸爸妈妈如果关注孩子的学习成绩，那么关于学习成绩有个公式，它等于智商加情商。

情商对孩子学习成绩的作用

智商指的是孩子是否能够很好地学习的能力，另外，也需要孩子的情商力以及抗压、抗挫、抗焦虑等能力，这样才能够帮助孩子发挥出该有的学习水平。

方亭：刚才张博士一直在说，我们要赢在未来，那在未来情商到底能够起到多大的作用呢？

情商在未来社会的作用

张怡筠：在面向AI（人工智能）的未来，你会发觉关于未来的变化你现在很难预测，20年之后到底是什么样的光景，我们都不知道，所以孩子要面对的世界会是变化多端的。牛津大学的学者们做了一些研究，各位可能很好奇，有很多的工作将来会被AI取代，而最难被取代的会是那些跟人有关的工作，比如老师、心理学家、心理咨询师等。这些需要跟人互动的是最难被取代的工作，如果拼智商拼不过机器，我们要想办法发挥情感的力量，所以情商会是孩子们未来竞争的核心。

我真心觉得最不该输在起跑线上的不是孩子的某种能力，而是父母的育儿观。如果家长没有抬起头，而是一直闷头做教育，你很可能会发现，跑着跑着，一抬头，你却跑错方向了，原来成功是在另外一个方向，到时候再懊悔已经来不及了。所以父母一定要有与时俱进的未来育儿观，要帮助孩子培养他们未来所需要的能力。

面对未来，家长的育儿观需要同步升级

方亭：那么，在培养孩子应对未来的能力的同时，我们的育儿观念要怎样同步升级呢？

张怡筠：你会发觉赢在未来的育儿观有几个特别重要的点。

第一，情商比智商重要。

如果你只关注孩子的学习成绩好不好，却不太在意他是不是有很好的人际关系，你会发觉接下来孩子很容易还没长大呢就出现了问题。

第二，成长比成绩重要。

你要关注孩子整体的发展和成长，而不只是盯着他的成绩有没有提升。

第三，能力比学历重要。

父母还是会很在意孩子们有没有考上名牌大学，有没有很好的学历，这当然是一种能力的证明，但是比这个更重要的恐怕是你在这个过程当中有没有积累非常重要的综合能力，这些能力包括有没有办法了解未来世界的改变，能不能很快地跟上这些改变。

如果有了这三点认识，父母就拥有了未来的育儿观。

方亭：我们发现，关注家庭教育的家长越来越多了，而且也涌现出了新一批的“虎爸虎妈”，但是很多家长可能还是懵懂的，他们并不知道自己到底是哪一种类型的家长。今天，我们特意请张博士为我们设计了一套检测父母类型的方法。

了解自己属于哪种类型的家长

方亭：我们看到舞台上有一个问题板，接下来，我们就请现场的观众上台来，每个人手上会拿到一个小圆贴纸，上来的家长把你认为的“会怎么做”的情况贴在问题板上。

……

我看到大家都已经投完票了，结果已经呈现在我们面前了，那么张博士能不能来为我们解答一下，每个选项都是什么含义呢？

张怡筠：好。

方亭：第一个问题是：孩子打游戏已经超过了规定时间却还不愿

意停下来，家长们会怎么做？第一个做法是“不理会，冷处理”。选择这个的人很少，只有一位观众，我想问问是哪一位观众。

家长5：我认为如果有很多同学在一起玩，而且如果这局游戏没打完就强制停下来的话，他们可能会觉得家长有问题。

张怡筠：这位家长挺体贴的，然而这个做法本身错失了一个非常重要的帮助孩子培养情商的机会。

方亭：我们揭晓一下答案好不好？看一看这个不理会、冷处理是什么类型的家长——叫作鸵鸟型，也就是忽视孩子的情绪，这个要怎么解释呢？

张怡筠：这是我自己的一种情商育儿的理论，父母在跟孩子互动的时候，往往有自己的做法，如果你经常用这个方法，你的情商教育的风格就叫作鸵鸟型。鸵鸟就是把头埋起来假装没看到这件事。

方亭：家长想：“不想面对，我也不知道该怎么办。”

张怡筠：当然，父母这么做其实是想，如果这个时候回应，搞不好会火上浇油，对不对？然而，孩子的情绪是用来沟通的，如果你不理孩子的话，他就会觉得不受重视，那么孩子以后也不会重视自己及他人的情绪。因此，这个鸵鸟型的做法风险还挺大的。

家长对孩子情绪的忽视，会导致孩子将来不重视自己及他人的感受

方亭：我们来看一看第二个做法，“我们都已经说好的，你不该生气”，这一类属于什么样的家长？这个是“老虎型”的，即对孩子的负面情绪不满，会责骂处罚。我发现选择“老虎型”的家长还真的不少，哪些家长朋友是选择了“老虎型”的，举手向我示意下。有没有谁想说一说，你们平时生活中是怎么做的？

家长6：举个例子，比如我的孩子的问题可能不是打游戏，而是因为每天睡觉她前都会读书，然后我们会规定时间，比如，九点半一定要关灯，但是已经读到九点半了，她却说，“妈妈，就剩一页了，马上就读完了”，可是我想“时间都已经到了，你要是再读下去又要影响睡觉了，第二天早上就起不来床”，于是就想让她马上停下来。因为这件事有时候我就会比较生气，然后也会比较强硬地让她停下来。

张怡筠：这个做法就叫作老虎型了。老虎型的家长其实是希望能够立规矩，本来的心意是好的，但是如果你压抑孩子的情绪或者斥责她，孩子就会觉得很委屈，觉得不被理解，可能也觉得不被爸妈爱，所以这个做法本身有很大的风险。它不是最好的做法，所以做“虎爸虎妈”绝对不是件好事。

家长压抑孩子的情绪，会导致孩子委屈和不理解

方亭：我们刚才说了两种类型的家长，我们再来看第三种。第三种家长的做法是“好好好，你再玩一会吧，下不为例”，但每次可能都是妥协。我们看到选择这个选项的家长也不少，我们看看这是属于什么类型的家长——绵羊型，就是孩子一有负面情绪就安抚、妥协。

张怡筠：很多父母认为：“我这么辛苦工作不就是希望孩子开

心吗？”所以当他不开心的时候怎么忍心让他不开心？因此最后往往就会妥协，说“好好好”，然后又得给自己一个台阶下，对孩子说“那就‘下不为例’吧”，这样做最大的风险在哪？你错失了帮助孩子培养自我管理能力或者是守规则的能力的机会。所以你会发现，很多孩子一闹，爸妈就妥协了，一闹爸妈就答应了，那么他往往在任何状况之下都不太遵守规则，也不会自我管理，因此，这个做法也有很大的风险。我们当然也不鼓励爸爸妈妈去这样做，它比较容易跟溺爱画等号。

家长对孩子的过分妥协是一种溺爱，会导致孩子不遵守规则

方亭：我也想问问现场的观众，你是不是就像张博士刚才说的那样做的？

家长7：平时我在家里就是妥协的做法比较多，因为觉得小孩子做功课其实还是很辛苦的，所以能够让他多开心一点就多开心一点。

张怡筠：我很理解，妈妈也很心疼孩子。如果爸爸妈妈把这个问题的焦点定在“我让不让孩子开心”上，家长的决定当然可能就是让孩子继续打一会儿吧。但是如果你把它当成一个非常好的教育机会，能够帮助孩子锻炼自我管理能力的机会，你可能就会有别的做法了。

生活中有很多种情况，都可以锻炼孩子的自我管理能力

方亭：很多朋友好像都觉得D是一个很好的答案——“不让你玩，你是不是很难过”，我们来看一看选D的家长是什么类型——D是

袋鼠型，即接纳孩子的负面情绪，但是不知道接下来该如何反应，所以往往陷入困境。

张怡筠：这最后一种做法就好像袋鼠妈妈，袋鼠妈妈总是把袋鼠宝宝放在自己胸前的口袋里，是从同一个角度看世界，是属于比较理解孩子的那种家长。这个做法乍听之下还不错，但对于接下来怎么办家长又莫衷一是了，不知道该怎么办才好。所以如果你选了刚刚其中的一个答案的话，可能都不是最佳做法。那么，更好的做法我把它称为牧羊犬型。

方亭：牧羊犬型？张博士来跟我们说说牧羊犬型的家长应该怎么做。

父母要做牧羊犬型的家长

张怡筠：牧羊犬会关注羊群，同时还会把羊群带到该去的地方，我认为这是最好的对家庭情商教练的一个比喻，意思就是又爱孩子，又能教孩子，因为爱孩子是本能，教孩子才是本领。所以牧羊犬型的爸妈会怎么做呢？有八个字的口诀，叫作“接纳情绪，设立规矩”。

牧羊犬型家长的做法：接纳情绪，设立规矩

我举个例子，牧羊犬型教练碰到这种状况会怎么办呢？第一步，接纳情绪，你会说：“亲爱的，现在不能继续打了，你是不是很失望？”首先表示我理解你，而且我接纳你的感受，只要这么一说，孩子的心情就容易平静下来。接下来，第二步一定要说：“现在请你收起来，因为我们说好的，今天就打这么久。”然后再加一句话：“我

决定和你一起遵守约定。”这句话很重要，我个人鼓励爸妈都要常常说这句话，说好的规则，如果父母跟孩子一起遵守，孩子会觉得这么做很公平，他不是被压制的。所以，我们鼓励爸爸妈妈做牧羊犬型的教练，这样就能更好地帮助孩子培养情商力。

方亭：答案D是接纳了孩子的情绪，这前一部分它有了，但是它没有设立规矩，所以牧羊犬型不仅仅有共情，也有对规矩的设立。

先接纳孩子的情绪，再帮助他设立并遵守规矩

张怡筠：是的，而且它有先后的顺序，你要先接纳孩子的情绪，然后才能帮助他一起设立并遵守规矩。

方亭：我想到我一个朋友，她的做法就类似于牧羊犬型。比如，她会跟孩子说：“我们在吃饭的时候，不可以看手机。”孩子可能还是要看手机，然后我朋友就说：“这样，我知道你可能是想吃饭的时候看动画片，对吗？但是，我觉得不可以这样。我跟你一起，我们在吃饭的时候都把手机、iPad（平板电脑）拿到旁边去，我跟你一起去遵守这个规则，以后，我们两个互相监督。”

张怡筠：这个做法特别好，是一个很棒的牧羊犬型教练的做法。如果这个妈妈的做法能够再修改一下就更好了，可以跟孩子说：“我知道你想要在吃饭的时候看动画片，因为我们约好了……”不要说“但是”，就说“因为我们有约定，我决定跟你一起遵守这个约定”。在这么做的时候，妈妈的情绪特别重要，如果妈妈很凶，她就

会说“你给我收起来”，遵守约定就会变成一种很不舒服的体验，孩子就不愿意遵守。这时候爸爸妈妈如果能像玩游戏一样说，“好，我们一起来遵守约定吧，来，我们两个人比赛，看谁先把自己的手机放到旁边”，这样就让遵守约定变成了一种愉悦的情绪体验，孩子下次就更愿意这么做了。

方亭：今天我们也通过这样一个小的环节了解到，原来牧羊犬型的家长就是要设立规矩，同时又有共情，这才是一种最好的教导孩子的方式。我们也欢迎更多的家长可以尝试一下做牧羊犬型的家长。

方亭：关于学习，我觉得爸爸妈妈都有很多的困惑，那我们想问，如何能够让孩子赢在未来呢？

张怡筠：环境改变了，孩子要面向的未来也不一样了，所以，除了情商之外还有一点特别重要，即帮助孩子真正地热爱学习。学习不是为了考试，也不是为了仅仅学习课本上的知识，要让他真的觉得“我有东西不懂，我不害怕，我乐意去学，我会把它搞定”。如果能培养出有终身学习能力的孩子，家长就不用担心，如果未来社会改变了，孩子会落伍。

方亭：张博士的说法给了我们很多启示，如果我们有了终身学习的能力，能够一直保有学习的热情，我们是可以赢在未来的。

终身学习的能力，可以让孩子未来不被淘汰

谢谢张博士今天来到我们的现场，跟我们讲了怎样赢在未来，怎样培养情商力。

8

艺术是门必修课

——与金龟子（刘纯燕）对谈

方亭说

我们让孩子接触诗歌和绘画的初衷，是为了让他们的心灵充满情趣，享受美好的情感。即使在他遭遇人生的寒冬时，内心依然不会忘记明媚春天里的百花芬芳。正如金龟子（刘纯燕）对她女儿的培养一样，不在于必须得到怎样的结果，而是让我们的孩子真正地去体验世间所有美好的事物。

愿孩子们不惧怕未来的挑战，而是在草长莺飞间乘风破浪，找到自己的人生方向。

星空演讲

今天要跟大家分享的主题词是——教会孩子享受艺术。

我们在生活中有没有这样的感受，孩子没有学过绘画，却能够把家里的白墙作为画板涂上五彩缤纷的颜色，虽然有的时候清洗起来让家长有点头疼，但是用五彩的画笔画出心中的感受，对美和艺术的感觉好像是孩子与生俱来的天赋。我们有的时候会听到家长说：“我是不是该给孩子去报一个钢琴班，或者是不是去给他报一个绘画班，让他学学艺术？”艺术听起来好像离我们很远，需要我们去学习，其实它就在每个孩子的生活之中。

今天我们请到的嘉宾，她是中央电视台知名的少儿节目主持人，更是一代又一代人的童年记忆，她在电视屏幕上塑造过众多深受小朋友喜爱的形象，其中“金龟子”的形象可谓家喻户晓，她就是今天星空演讲的主讲人——“金龟子”刘纯燕。

金龟子（刘纯燕）

毕业于中国传媒大学播音系，中国内地少儿节目主持人、配音演员。

1991年开始主持《大风车》《聪明屋》《玩偶一牵一》《风车谜社》《金龟子城堡》等多档受欢迎的少儿节目，曾获得“中国播音主持金话筒奖”和“飞天奖优秀女配音演员奖”。曾为近2000多部（集）译制片、动画片、动画大电影、电视剧配音。

艺术是门必修课

金龟子（刘纯燕）星空演讲

大家好，我是你们的好朋友“金龟子”，今天想跟大家分享，在小朋友艺术教育的这条道路上，大家有什么想法，有什么样的困惑，有什么样的问题。“金龟子”自己也有个小孩，她今年20岁了，关于她的成长过程我也想跟大家分享一下，让大家获得一些启发、一些收获、一些思考。在我看来，**艺术不是兴趣课，而是必修课。**

艺术教育是培养孩子审美能力最直接的一种方式

我想，拥有独特审美能力的孩子一定是胜人一筹的，我觉得艺术教育是培养孩子审美能力最直接的一种方式。艺术教育能够唤起孩子对审美的需求，能够培养孩子的审美趣味，能够形成孩子的审美观念，让孩子最终形成一定的审美能力。成年人长大后的一些气质都是由儿童期的一些审美带来的，**童年的审美奠定了人一生的审美倾向和生活品质。**

孩子越早接触艺术，就会越早形成审美趣味

在孩子还很小的时候就引导孩子接触艺术，形成审美趣味，是我们给孩子最好的礼物，这是我自己的一点点小小的体会。我跟大家分享两个人的小小的例子，一个是我自己，一个是我的女儿“娃娃”。

其实我自己就是一个从小学习艺术的人，长大以后我也在从事着跟艺术相关的工作，而且在这条道路上走得非常顺畅。小时候学到的东西，为我长大后的发展奠定了非常非常好的基础。我从9岁的时候就进入了中央电视台银河少年艺术团，那个时候它叫少年电视演出队。虽然我的爸爸妈妈不是从事文艺工作的，但是他们觉得女孩子应该学唱歌、跳舞，所以就把我送到了北京市少年宫。当时我报的是舞蹈，爸爸妈妈觉得，女孩子学学舞蹈，对自己的体型、对美之类的都会有不同的理解。但是我的性格却像个男孩子，所以跳舞的时候老师总说：“你能不能有点美感？”

我跟别的女孩可能还不太一样，每次学完舞蹈，老师不会经常表扬我。后来，在少年宫的时候，除了学习舞蹈之外，还有一些集体活动总是让我去主持，就是因为我嗓门比较大，嗓音比较好听，比较洪亮，当时又不怯场。就这样我遇到了一位伯乐，她就是带我走上艺术这条道路的梁艳老师，她跟我的爸爸妈妈说，有没有机会让孩子跟她学习朗诵，当时还叫诗歌朗诵。后来梁艳老师就成为我的人生伯乐了。

她把我推荐到了中央电视台少年电视演出队，我的艺术道路就这样开始了，我觉得从小开始的艺术教育对我是非常有帮助的。这是发生在我自己身上的一个小小的例子。

东方卫视
教导有方
艺术不是兴趣课，
而是必修课。

东方卫视
教导有方
希望孩子们在学习艺术的过程中
懂得欣赏美，感受美，
给自己的生活增添更多的色彩。

东方卫视
教导有方
爱孩子就要一定给他一个发现美的眼睛，
让孩子去感受艺术，并在这个过程当中可以让他建立自信，发挥潜能，
感受到快乐，收获幸福。

东方卫视
教导有方
童年的审美
奠定了人一生的
审美倾向和生活品质。

东方卫视
教导有方
艺术听起来离我们很远，
需要去学习，
但其实它就在
我们每个孩子的生活之中。

东方卫视
教导有方
我们让孩子接触诗歌、绘画的初衷，
应该是为了让他们的心灵充满情趣，
享受美好的情感。

说到我女儿，我们一直期望她将来能够接我的班，或者接她爸爸的班，做一名播音员或者主持人。但是我的孩子却没有继承我们的事业，她学了很多艺术方面的课程，但是现在却没有从事这个行业。她学的是商业管理和心理学专业，跟我们这行完全没有关系。不过我觉得孩子从小对艺术的学习，对她的一生还是很有帮助的。她小时候学过马术，学过钢琴，学过滑冰，学过围棋等很多的课程。

其实有的是我替她选择的；有的是她看同学都在学，她也去学的；有的是她自己有兴趣学的。我没有完全去阻止她，或者要求她必须学哪样，比如朗诵，记得有一次娃娃在小学四年级的时候参加北京市的一个朗诵比赛。当时我对她说："我们都可以辅导你。"她说："我跟其他老师学过，我自己选了一首舒婷的《祖国啊，我亲爱的祖国》。"那是很宏大的一首诗，音乐是她自己配的，我说："那你怎么着也得让我们听听你朗诵得行不行，能不能得奖啊！"然后她说："我可以给你们稍微来一小段。"那天她朗诵了一段之后，我说："咱们给她辅导一下吧。"王宁说："算了吧，她已经有她自己的理解了，她有独特的朗诵的方式，如果你再去教她，可能她就是你了，就不是她自己了。"我说："好吧。"后来她通过自己的努力，在那次比赛中获得了一等奖，这是她参加的唯一一个艺术比赛，从那以后她跟艺术就不太沾边了。

我们家小朋友的性格是介乎于我和王宁之间的，有一点点内向，她不太愿意站在台前像我们一样去表现自己，她更愿意躲在背后去看、去观察，我特别了解我的孩子，所以我就没有一味地要求她必须学朗诵，将来必须怎么样。她的例子就是一个跟我相反的例子，但是她在很多活动中学的艺术课程对她还是特别有帮助的。我觉得，学艺术不一定就是为了将来要从事专门的艺术行业，艺术对孩子的整个创意、创造力，对孩子的审美都会有不一样的启发。所以，**爱孩子就一定要给他一双发现美的眼睛，让孩子去感受艺术，在这个过程当中，让孩子建立自信，发挥潜能，感受到快乐，收获幸福。**

艺术教育的目的不是培养艺术家，而是培养孩子的审美、修养与品格

这就是我今天跟大家分享的两个小故事。一会儿家长有什么样的困惑，有什么样的问题，因为今天到场的还有专家、老师，还有主持人，我们再一起跟大家深入探讨。

谢谢大家。

嘉宾对谈

访谈嘉宾：王安蓉

嘉宝幼儿园创始理事。

方亭：谢谢金龟子（刘纯燕）老师刚才的精彩演讲，也非常欢迎嘉宝幼儿园的理事王安蓉老师做客我们的现场，今天我们一起来聊一聊孩子对艺术的感受。

刚才我通过金龟子（刘纯燕）老师的演讲，清楚地了解了您整个学艺术的过程，其实学习艺术也并不一定说要成为像您这样的专家，但是起码在这个过程中，人会体会到那种幸福感。现在很多时候家长都会让孩子去学一门艺术，就像刚才金龟子（刘纯燕）老师说的，学习艺术不是兴趣的问题，是必需的问题。

金龟子（刘纯燕）：对，艺术还是一门必修课程。因为我比较了解我家的小朋友，我录节目都会带着她，她肯定有比很多其他小朋友更多的上台机会。我说“你就在台上坐着”，然后她就会往台下

跑，然后我问：“你为什么不上？”她说：“我觉得在底下看挺舒服的。”当时我们录节目用的冰箱啊、垃圾桶啊都会说话，因为是录《宝贝厨房》那个节目，但她的关注点很奇怪，她说“那个颜色应该改一下，你跟那个‘毛毛虫’应该这么说话”。我想她的关注点可能跟我的不一样，后来我就不硬把她往台上拽了。

方亭：现在幼儿园会经常安排这种相关的艺术课程吗？

王安蓉：其实艺术有很多种类和很多形式，艺术各式各样，比如，文学、戏剧、音乐、舞蹈都属于艺术，所以我们也想把它们有机地融合到小朋友每一天的活动当中。比如，我们会通过戏剧性的游戏、故事讲述和角色扮演来培养孩子的自信心和语言表达能力，然后，合作交流的能力也非常重要，还有孩子们的想象力、创造力。

方亭：但是小朋友还很小，我知道您是幼儿园的理事，那么幼儿园小朋友基本上从两岁开始就可以学艺术了吗？

王安蓉：可以，孩子对很多东西都是非常敏感的，我们要给他创造这样的一种环境，比如音乐，因为一听音乐孩子就特别兴奋、特别开心。

金龟子（刘纯燕）：我觉得艺术启蒙在孩子很小的时候就可以开始了，但是有一些像围棋、古筝，或者是一些比较有难度的，有点技术层面的课程，可能四五岁的小朋友才可以开始学。像画画之类的课程就不存在说小朋友几岁才可以学的问题，小朋友只要会拿画笔涂鸦就可以了。有的小朋友的涂鸦也是有思想、有内容的，小朋友不是随便乱画的。

涂鸦是孩子思维与表达的工具

有的时候我们去录节目时，我对小朋友说，“你画的这是什么呀，乱七八糟的”，然后她自己就能讲，她自己能编一个故事，会说“我这个怎么样怎么样，完了又怎么样怎么样”，其实就这样打开了小朋友的想象力。如果家长说“你别乱画了，你这画的是什么呀，乱七八糟的”，有的小朋友可能就受打击了，他就再也不拿画笔画画了。

方亭：还真是有道理，我觉得要鼓励孩子。我家小朋友也特别喜欢画画，其实我是一个画画特别差的人，但是他喜欢画画，我们就让他充分发挥他的想象力。我带了一些孩子的画，先来给大家看一看。

这个是他画的妈妈，也就是画的我，这是他大概3岁半的时候画的。其实我觉得他把我画得挺丑的，但是我还是鼓励他，我说：“你为什么要这样画妈妈呀？”他说：“妈妈，我觉得你应该像公主一样，所以你头顶上应该是发光的。”所以你看他给我头上画了光环。

金龟子（刘纯燕）：像戴着一个小皇冠似的。

方亭：对，他有他自己的想法，然后他说：“妈妈我觉得你的睫毛特别长。”所以你看他给我画了大长睫毛，整幅画完成之后他还说：“等一下，我要加点东西。”然后他在画上加了星星和月亮。我说：“你为什么画这个，现场哪里有星星和月亮呀？”他说：“这是因为你每天都陪着我。”就是因为他每天醒来的时候我都在他的身边，他向往与妈妈在一起，希望妈妈每天都陪在他身边。虽然这幅画不够美，但是在我心里，我觉得要保护孩子的创造力。

尊重孩子的想象力，让想象力催生创造力

在他学习画画的过程中，我发现我完全不懂画画，我也不能去教他。但我认为要给孩子一个想象的空间，希望能够保留他的兴趣，自由地去发挥，不管他画得好不好，至少在画每幅画的过程中，他会跟你讲他是怎样想的，这就是在激发孩子的想象力、创造力。

王安蓉：就在前不久，在一个秋叶斑斓的美丽的季节，我们带小朋友们去公园，捡拾他们喜欢的落叶，然后回到班级里，大家一起去做有关落叶的拼画作品。

方亭：这是用落叶做的娃娃脸。

王安蓉：对，猜猜这是什么？

方亭：有点像猫头鹰……这是一棵秋天的树……这是青蛙吗？这是小刺猬。这都是小朋友们的作品。

王安蓉：对，都是他们自己的独立创作。

方亭：而且感觉他们很快乐，你看他们，并不觉得学艺术是苦大仇深的事情。

王安蓉：他们特别享受。

方亭：我们刚才看到真的有很多不同的落叶主题的作品，好像这个就是其中的一个。

王安蓉：对，其实这是一个集体创作和个人创作相融合的作品。

我们带孩子在公园里捡来了落叶以后，就把它们放到了区角活动中。在这个区角里，孩子可以自己选择相应的颜料、材料、落叶来进行创作。刚开始有几个孩子首先画出了蓝天，然后他们做了树干，他们商量着说，“这是一片森林，我们想和最喜欢的恐龙在森林里面玩”，所以这5个孩子就每个人做了一只恐龙。

在这里也建议家长们，不要太多地去干预孩子的创作，在这个过程中，要给他们更多的时间和空间，同时，也不要用成人的固定思维把孩子给框住，急于给孩子做评价或者判断。希望家长有一双聆听的耳朵，能够蹲下身子来耐心聆听，鼓励他们大胆地表达自己的想法，这个过程也是帮助家长更好地了解孩子、理解孩子的过程。

方亭：其实现在很多家长会让小朋友学一门艺术——钢琴或者是画画，那么你认为孩子要不要去学？

金龟子（刘纯燕）：有的家长觉得，去一个专业的地方去学，让老师带着他，对将来想真正成为艺术类人才的小朋友来讲是必需的，因为他要有一个坚实的基础，走正确的道路。

基础的艺术教育可以融入学校与生活

但是普通的小朋友学习艺术就可以选择在学校或家庭。在家里，爸爸妈妈也可以给小朋友布置很多任务，跟孩子们一起在艺术的海洋里遨游。有的小朋友的兴趣可能只在户外，如踢足球、打篮球，他是运动型的，他就不是学艺术的孩子。比较内向的孩子，如果对音乐不感兴趣，家长就可以将艺术作为孩子的一种修养、一种爱好，可以让他摸一摸钢琴、弹一弹钢琴，经常带他去看一看钢琴演奏会、音乐剧之类的，这些都可以激发孩子的艺术细胞。刚才说了，想养成艺术气质在儿童阶段就要打好基础。

艺术教育不等同于技能训练

方亭：我们也特别想和电视机前的很多家长说，不用太着急，其实很多时候我们并不是为了让孩子一定成为一个专家，更多的是让他们体会到这中间的乐趣。

艺术教育的核心是给孩子以乐趣

我知道“金龟子”现在组织发起了一个“金龟子国际儿童艺术节”，这个艺术节里面有什么内容？

金龟子（刘纯燕）：我们是想给小朋友多提供一个除了上电视节目之外的展示自己才华的舞台，然后就有了这个想法。“金龟子国际儿童艺术节”马上就要举办第三届了，在艺术节上，小朋友能够跟“金龟子”或者跟其他艺术家同台。第一届我们请来了董浩叔叔、敬一丹老师给孩子们上了一堂近距离的艺术课程；第二届我们请来了王小骞老师、李阳老师给孩子们上艺术课，孩子们的收获比在艺术机构上课的收获更大。我们也特别希望更多的小朋友能够在“金龟子国际儿童艺术节”的舞台上绽放自己，能够多跟艺术家们学习和交流，所以我想把这个平台更好地展现给孩子们。

方亭：不管是绘画、马术，还是滑冰，怎么能让孩子把艺术和生活更好地融合在一起呢？平时在教学中有没有什么好的方法想跟我们分享一下？

王安蓉：其实，家长在家里可以做很多事情，爸爸妈妈给孩子讲完故事以后，可以选一下自己想扮演的角色，然后共同来演绎这个故事。曾经有个爸爸跟我分享，他也是受了学校戏剧教学法的启发，他说他在家里跟孩子讲完故事以后，就开始跟两个女儿一起角色扮演。有一个很好的办法就是，道具要让孩子和家长一起来找、一起来制作，道具可以很简单，而且可以一物多用。就像我们在戏剧游戏中一样，把一块简单的布披在身上就变成了魔法师，放在地上就成了一条小河或者是飞毯、魔毯。如果家庭成员一起来用力抖动这块布，它就变成了波涛汹涌的大海。

让孩子意识到，日常生活中的物品也可以富有想象力地使用起来

金龟子（刘纯燕）：我记得小时候，我们家就有“家庭春晚”，这是我们跟爷爷奶奶家形成的一个活动。每次中央电视台的春节联欢晚会一开始，我们家的春节联欢晚会也就开始了。我记得娃娃在这其中受到锻炼的方面也挺多的，到她大一点比如到四五年级的时候，所有的家庭春晚的节目她都要去准备，所有的词她都要写。当时家里还有弟弟妹妹的孩子，他们三个人要一起主持，还有抽奖环节，所有的

奖品他们要给大家准备。

给孩子提供有艺术氛围的家庭活动

其实在这个过程当中，对孩子是一种提高。她说爷爷要唱什么歌，奶奶要表演什么节目，爸爸和妈妈要表演一个魔术，她要帮着大家去排练……我觉得对学习艺术来讲，家庭氛围是一定要有的。这是很好的方法，在生活当中，很多潜移默化的事情都可以帮助小朋友提高艺术修养。

抓住生活的瞬间，是对孩子最好的艺术启蒙教育

方亭：对，而且我觉得孩子其实是通过这个节目的情境激发了自己的艺术天赋，他融入那个情境中了。所以很多时候，激发孩子对艺术的感觉也特别重要，我甚至觉得，激发他们的创造力比刻板地学习更加重要。所以，电视机前的很多家长朋友真的不用太焦虑，我们并不是要把每个孩子培养成专家，也许他有成为专家的可能性，但是更多的，我们希望孩子们在学习艺术的过程中，能懂得欣赏美、感受美，从而给自己的生活增添更多的色彩。

帮助孩子认识美、感受美并创造美

方亭：好的，谢谢二位今天做客我们的节目，和我们一起来聊了聊艺术的话题，谢谢大家。

专家点评

学艺术是让孩子练就能够辨识美的眼睛和耳朵，让孩子在平凡的生活中能处处发现艺术的美，并用对美的热爱充实生活，丰富情趣。我们的教育对艺术类的学习没有投入应有的重视，然而艺术——美育，恰恰是培养一个心灵丰富、热爱生命、积极向上的孩子不可或缺的一环。

首先，学艺术是给孩子一个从小锻炼的机会，任何艺术技能水平的学习和提升都需要一个比较漫长的过程，这个过程对磨炼孩子的韧性与意志都有好处。

其次，学艺术是在送给孩子一份人生礼物，让孩子能够通过艺术的形式陶冶情操、抚平情绪、提升审美、热爱人生。但是在选择学或者不学以及学什么的时候，家长要多多听取孩子的意见，观察孩子的反应，挑选更适合孩子生理、心理特点的艺术门类去学习，如果拔苗助长或越俎代庖，有可能会走向反面。

最后，希望家长不要以功利的目的迫使孩子学习艺术，如果与过于现实的功利目的相结合，可能就违反了让孩子在对美和艺术的学习中健康成长的初衷。

顾凯宪

中国科学院心理研究所儿童心理发展专业研究生，国家二级心理咨询师。上海12355中心专家委员会委员，上海12355志愿者讲师、专家咨询师、面询组组长，上海心理咨询学会会员。

案例分析

徐女士的女儿今年上三年级，从幼儿园开始，徐女士就给孩子报了不少兴趣班。在幼儿园的时候练习舞蹈参加比赛期间，孩子也对此表现出了兴趣。但是一上小学孩子又开始不愿意跳舞，想学钢琴了，徐女士又请老师教钢琴。学了一段时间后她又想去学画画，一直没办法坚持学一种才艺。父母很想培养她的艺术细胞，让她培养一个特长。但是面对孩子没法专心去做一件事的情况，父母不知道该怎么去调整她的状态，如何培养孩子对艺术的兴趣成了难题。

家长习题：

1. 家里谁最热衷于报艺术班和兴趣班这件事，并请他说说理由。

2. 孩子每次想放弃，或者想去学习新才艺的理由有没有共通之处？

3. 每次学习新才艺之后，给孩子的生活带来了怎样积极的变化？

4. 如果不学习才艺了，那些原来培训的时间里，孩子想去做什么呢？

解决策略：

第一，回顾并梳理出适合孩子的专属才艺。徐女士的女儿从幼儿园阶段就开始参加各式各样的才艺兴趣班，家长可以回顾梳理一下这些兴趣班中有多少是孩子发自内心想去学的，有多少是孩子确实有天赋并可以发展成特长的。其中有没有哪个班是看到别人家孩子都在学，也要她去，用来缓解家长“不甘孩子落人后”的焦虑感的？这样的焦虑感有没有传递给孩子，让她变得“什么艺术种类都想学点”，渴望成为“艺术全才”的“好学者”？其实过往的学习并没有浪费，那也是一个了解孩子和反复试错的机会，可以筛选出一到两项真的是孩子有兴趣且可以发展成特长的艺术形式。套用现在的流行语：学习不应是为了让“我妈”快乐，而是让“孩子”快乐。

第二，教会孩子只有爬过“学习之坑”，才会窥见学习之美。光有快乐还不行，要让孩子知道，无论学什么，好的学习者一定会入“学习之坑”。学习的一开始阶段都在我们的舒适区，有着兴趣的驱动，随着学习的深入，就会遇到各种学习中的困难，如果再尝到多次原地打转的挫败感、“人家学得比我好”的压力、反复练习的枯燥感，就会让孩子产生自我怀疑，甚至如果在某个阶段表现还不如开始的时候，孩子会非常沮丧，这都是必经之路。但是在这个“坑”中反复寻找新想法的过程，才是学习中最具魅力的部分。就像跳舞练功时脚上磨出的茧子、弹钢琴要背的乐谱、画画时反复练习的手稿，没有一样是不辛苦的。只有坚持爬出“学习之坑”，才有机会看到自己能力的提升，那一刻孩子才能体验到学习之美，才会有动力专注地学下去。

（上海12355心理咨询师　金小燕）

9

不做分数的奴隶

——与张熙对谈

方亭说

在人的一生当中，会领到无数张成绩单，有的让我们欣喜，有的让我们失望，如果请大家一起来回忆一下，大家还记得当年每次考试自己考了多少分吗？成绩单上的数字会渐渐地在我们脑海当中淡去，但是那些学习的方法却会让我们受益一生。那些曾经拼搏的日日夜夜会给我们以拼搏的动力，那些对未知的追求会给我们以不断学习的能力。有温度的教育应该是对生命自由成长的引导。一声问候，一个微笑，一句体贴的话语，一个善意的举动，让我们的孩子因为喜欢而学习，因为学习而成长。希望在分数的背后，每个孩子都能够找到自己的学习乐趣，突破分数的枷锁，成为学习的主人。

星空演讲

今天我想跟大家分享的主题词是——分数，我想，一听到这个词，不管是家长还是孩子心里可能都会一紧。前段时间我和几个朋友讨论孩子升学的话题，听见一个妈妈一个劲地跟另外一个妈妈说她们家孩子是“牛蛙”，然后说自己家的孩子是“青蛙”，谁谁家的是“普蛙”。我当时特别惊讶，我觉得自己太跟不上时代了，什么时候孩子跟蛙类产生这么紧密的联系了？

后来我才知道，学习特别好的，考试成绩门门100分的这种孩子，就叫作“牛蛙”，就是学霸，成绩不好的就是“青蛙”。几个妈妈在一起讨论孩子学习成绩这个场景我相信大家都不陌生，现实生活中，除了孩子的身体健康，我想家长们最关心的可能就是孩子的考试分数了。

由中华家教APP根据多元智能测评系统对15万名学生家长进行的评估诊断发现，存在养育焦虑的家长居然达到了86%的占比，而其中因为学习的原因而引发焦虑的情况占到了总人数的67%。

今天我们请来的嘉宾讲的一句话非常触动我，他说：“学习是枯燥的，所以我们更需要有温度的教育，只有提升学习的兴趣，对孩子而言才是真正的减负。”

他就是今天星空演讲的主讲人，精锐教育创始人兼CEO——张熙。

张熙

精锐教育创始人兼首席执行官（CEO），毕业于北京大学，获法学学士学位，后就读于哈佛商学院，获工商管理硕士（MBA）学位。曾在多家世界500强企业担任高管，后创立高端教育辅导品牌“精锐教育”，并当选2012年度“中国经济十大创新人物”。

不做分数的奴隶

张熙星空演讲

大家好，我是精锐教育的创始人张熙，来自福建山区一个不出名城市的一个普通的家庭。应该说我能走到今天，非常感谢中国的中高考教育体系。有非常多的家长问我，孩子学习的事情怎么办。我想分享几个小故事给大家，都是我亲身经历的故事。

大概10多年前，我从哈佛毕业回国以后，正好见到我一位姓蔡的同学，这位同学见到我就开始大吐苦水，因为当年在上高中的时候，特别是上高三时，我也经常去看他，我们两人关系还不错。他属于励志的典型，基本上比得上古人的那种头悬梁、锥刺股的程度。

他随身必备两项学习道具：一是一盆冷水，二是一个哑铃。一盆冷水里面还放着冰，到晚上一两点实在困得要睡着时，就把头放进冷水里一弄。但是这个同学高考四次，复读了四次，全部都没考上。

他说："你得跟我说一说，为什么当年看你天天都很开心在玩，又是踢球，又是去游泳（学习成绩却很好）。我的孩子正准备上小学，你说我该怎么办？"

我说还真不是因为智商或其他的问题，学习的方法跟技巧非常非常重要，不要成为分数的奴隶，而是要有机会成为学习的主人。所以我说，从上小学开始，第一重要的就是把学习习惯培养好，然后寻找适合他的学习方法。

很幸运的是，这个孩子现在上高中了，正好前一阵这个朋友又跟我沟通，我说："你孩子成绩怎么样了？咱们也花了这么多年的心血培养这个孩子。"他说："很高兴地跟你讲，这个孩子现在在班上都排在前几名。在我这一代不能实现上大学的梦想，在我的孩子身上能实现了，这得感谢你。"

2008年我们刚创业的时候遇见过一个孩子，我想通过这个让大家知道个性化教育不一样的地方。因为当时刚创业，我们也没有太多选择，也是一种初生牛犊不怕虎，无知者无畏的状态，正好新入学一个孩子，叫毛毛。他是一个有自闭症的孩子，见人从来不打招呼，跟他爸爸也从不交流，可能每天能偶尔跟他妈妈讲一句话。这个孩子也没法上学，最后没办法就放到我们机构来了，为了解决孩子的问题，我们把我们校区里面最有爱心、责任心最强的老师派给了这个孩子。真的有时候会感叹个性化教育的奇迹，因为那是我们建立的第一个校区，因为刚刚创业，我经常去那里，每次见到他都有变化，从一开始他从来不跟任何人打招呼，只从你身边走过，到后来抬起头来冲你挥挥手，再到跟你说"你好"，后来还是用英文跟你打招呼——Good morning（早上好），这都是在3个月时间里的变化。

在两个月之后，他每天早上醒来的第一件事情，就是去我们校区找那位陈老师，因为他最喜欢陈老师。6个月之后，也就是那年9月份，这个孩子终于进入了他家旁边的一所小学，他妈妈还给我们送了

东方卫视
教导有方
授人以鱼不如授人以渔。

东方卫视
教导有方
有温度的教育，
是让生命自由成长的引导。

东方卫视
教导有方
珍惜现在他们还会烦你、会粘你、会吵你，
那些时光是最快乐的。

东方卫视
教导有方
学习是枯燥的，所以我们更需要有温度的教育，
只有提升学习的兴趣，对孩子而言才是真正的减负。

东方卫视
教导有方
一声问候、一个微笑、一句体贴的话语、一个善意的举动，
让我们的孩子因为喜欢而学习，因为学习而成长。

东方卫视
教导有方
每个人都只有24个小时，
谁能更有效的利用自己的时间，
人生就会更丰富多彩。

一面锦旗。

大家应该能想象到个性化教育的魔力，它让一个有自闭症的孩子，开始愿意跟人交流，愿意跟人沟通，最终能够进入正常的教育体系学习。他妈妈说，我们改变了这个孩子的一生。

重新回到我刚刚说的那个问题，很多人问学习成绩不好怎么办，分数低怎么办。我说，人这一生其实都是在学习的过程中，都是在考试的过程中，在有一件事情上，**上天对所有的人都是公平的，那就是每个人的一天都只有24个小时，谁能更好地利用自己的时间，谁能养成更好的习惯，谁就会处于更有竞争力的地位。**

所以我们讲的是一个关于学习力的理念，**人的学习动力是第一重要的，兴趣是最好的老师。**让孩子知道学习的重要性，不是要给他增加压力，而是要让他知道学习是他这一辈子必须进行的一件事情。既然这样，那干吗不让自己争取喜欢上学习，寻找一些自己擅长的方面，并把它做到最好？那样肯定能比他现在做的好得多，然后再帮他找到更适合他自己的学习方法，再固化成为一种学习习惯。

习惯这件事情对人的一辈子都受用。一个好的孩子、成功的孩子、优秀的孩子、快乐高效的孩子是靠什么培养出来的？是通过从小培养他的习惯教出来的。在培养习惯这件事情上，有三个课堂的概念：第一课堂，家庭教育，即父母对孩子的教育，因为父母最爱自己的孩子；第二课堂，公立学校；培训机构——个性化教育是第三课堂。

在第一课堂里，父母都很爱自己的孩子，但他们缺乏专业的教育技巧与方法；公立学校多数是大班，毕竟要做很多普及式的教学，很难做到真正个性化的教育；而第三课堂想做的就是把第一、第二、第三课堂串在一起，提升孩子的学习力，改变孩子的一生。

所以我们经常讲一句话，**知识会过时，但学习知识的能力永远不过时。**在学习力面前人人平等，我们都有机会在三个课堂里面一起联动，让孩子成为学习的主人，而不是成为分数的奴隶。

感谢大家。

嘉宾对谈

访谈嘉宾：林熙蕾

著名演员。

方亭：今天我们也特别高兴请到了著名的影视演员林熙蕾小姐和我们一起来聊一聊家庭教育的话题。刚才张总在演讲当中好几次都提到了个性化，我们也很熟悉的一个词就是精锐个性化，所以特别想问一问张总，您觉得精锐个性化教育的特殊性在哪里？

张熙：我主要说几个方面。第一，在教育中，每个孩子都是不一样的，怎么更好地找到每个孩子的特点，为他量身定制一整套的教育方案，其实是很重要的。所以我们既结合了教育的一些特点，又借鉴了医疗行业的一些做法。因为医疗行业在过去几百年里取得很大进步的一个核心在于，它能做精准的诊断，而教育行业也是。所以我们一直讲，在诊断方面我们是不遗余力一直在加大研发投入的，我们首先要知道你得了什么“病”，才能给你治疗。再好的医疗手段，如果你

不是这个病，即使给你药也不对症。

所以，我们首先要对孩子进行精准的诊断，找到每个孩子的特点，在这个特点的基础上再找跟他更匹配的老师和整套的学习方法，再培养他的学习习惯。其实，每个人都是特点不同的“选手”，我是触觉型的学习者，有人是听觉型，有人是视觉型的，但是如果选错了就很麻烦，就像男女是两个不同的性别，二者间的差异是巨大的，不可能忽视这种区别。所以我们要找到适合孩子学习的一套方法，然后为他量身定制。

方亭：熙蕾，你觉得你的孩子属于什么样的类型？

林熙蕾：我们家妹妹（对其中一个孩子的称呼）是比较内向的。她明年要上小学，很多同学都在准备考试，上很多课，我的小孩现在只学游泳，因为她喜欢游泳。她进小学时的面试，我真的没有办法控制，我也不知道学校要问什么，她数学学得不好，但是在艺术方面是很厉害的，或者她游泳很厉害，我觉得对我来说就够了。

方亭：你对孩子比较宽松，你是真的觉得没有关系，她考试考多少分都没关系，还是你希望给她一个放松的环境让她去发挥？

林熙蕾：考试分数对我来说不是那么重要，重要的是她在这个方面有没有学习到什么，我希望她下次能做得更好。就像她在家里做功课的时候，我不会帮她修改，我会让她自己做检查，检查之后让老师去改她的作业，而不是我，因为如果是我改的话，她就不知道自己到底在哪里犯错了。

张熙：我对熙蕾说的话蛮认同的，就是“授人以鱼，不如授人以渔”。所以父母帮孩子写作业是很糟糕的一种行为，宁可一开始养成一个好习惯，也不要在后面找补，而要让他知道这是属于他的事情，他应该自己想办法把这件事情做好。

方亭：在精锐教育体系中，在培养孩子的时候也特别强调要有好的学习习惯吧？你是怎么看待“习惯”这个问题的？

张熙：每一个美丽的女孩在变成妈妈以后，都会变得唠叨，很多抱怨自己的妈妈唠叨的女生，当她们自己变成妈妈以后，也都很唠叨。

有些我们今天看起来很简单的事情，比如，作为一个成年人，每天应该至少早上、晚上各刷一次牙，饭前一定要洗手。这些简单的事情对小孩来讲，他也许不知道，需要妈妈不停地跟他说，“你一定要刷牙，不刷牙会有蛀牙”，或者说，“你觉得刷牙很愉悦，不需要愉不愉悦，而要变成你生活的一部分”。所以，孩子如果能从小养成好的生活习惯、好的学习习惯，他就能更有效地利用时间。无论未来是做一个运动员，做一个作家，做一个电影演员，还是做一名企业家或者其他什么职业，在时间上每人每天都只有24个小时，谁能更有效地利用自己的时间，谁的人生就会更加丰富多彩，先不论有没有更成功，但人生都会更加丰富多彩。

方亭：其实说到分数，有一个话题就是怎么找到适合自己的学习方法。

学霸七招之一：预习轻身术

学霸七招之一：以背代诵掌

学霸七招之一：智慧树

学霸七招之一：提前完卷飞刀

学霸七招之一：超难做题剑

学霸七招之一：错题本神功

学霸七招之一：吸星大法

张熙：在精锐体系中有“学霸七招”。第一招，预习轻身术。第二招就是以背代诵掌，它针对文科的学习特别有效果，有些人像和尚念经一样一直在那念，其实对大脑皮层的刺激效果是很差的。比如，背一首唐诗，有人把这首唐诗念50遍——经常有小孩这样做，你不如念四到五遍，之后在一张纸上默写，即使第一遍你只能默写出20%，但是在你强制自己背唐诗的过程中，对大脑皮层的刺激是非常强烈的。最终会发现你花的时间只有把这首诗读50遍一半的时间，但记忆的效果却比它好5倍。

方亭：效率提高了，这是个好办法。

张熙：对，因为这是在强迫你，人在压力下都会被逼出潜能的。第三招，智慧树，智慧树是什么？就是梳理知识体系。因为很多时候当知识量太大了以后你是没有什么章法的，所以我们强调学习习惯。比如，我的学习习惯是什么呢？读任何一本书，先把章节全部读一遍，章节读完再往下读，这样等你读完这本书再重新回忆时，记住章节的概率比记住全本书的概率要高。

还有在考场上，我们有一个招数，也是我一贯的做法，就是考试全部提前半小时做完题。别人问我怎么这么厉害，我告诉他，“其实很多题我也不会做，那我怎么提前半小时做完”？凡是不会做的，比如假设选择题答案是ABCD四个选项，我就全部选C。

方亭：为什么选择题答案是ABCD的都要全部选C？

张熙：假设你不会做，在考场上你就这么想，这跟智商没关系。因为你会有压力，你一看才做了三道题，发现试卷好难，接下来心里就崩盘了，崩盘了以后，大脑简直就像棉花絮一样，本来会做的题都不会做了。我就抱着一种阿Q精神，假设所有题我都会做，不会做的全部迅速地跳过，其实我一大堆题都没做，随便乱选的，但至少把最后一道题都做完了，这样我就自信心爆棚地回来了。如果再把那些题看一看，经常有几道题我完全不会做，也懒得做，但首先要确保那些我会做的题分数全部都能拿到。

林熙蕾：对，就像我跟姐姐（对另一个孩子的称呼）说的，她有些功课不会做，我也不想教她，我就说：“先把你会的题全部写完，最后你不会的再去看，真的不会你再来问我，我们可以一起去找答案。”

张熙：这是一个比较好的考试方法，还有一招我们叫作错题本神功，因为题山题海战术很糟糕，它给你的复习题全是一样的，你要一直做，为了做而做。但我们会帮你重新梳理一下，你应该去做那些你不会做的题。

那些不会做的题假设是中等难度，我会在接下来两个月的时间里做三遍；完全不会做的题，在接下来几个月的时间里做五遍；会做的题就可以很快通过。

因为我小时候爱看武侠小说，所以第七招叫吸星大法，什么叫吸星大法？就是把别人的那些好的招数全学一遍，看哪些是适合你的，然后模仿。因为学习这件事也是需要不断研究的，比如拍电影，要想成为优秀的演员，你也要不断地研究别人是怎么拍电影的，看其他优秀的演员是怎么做的。

其实这一切最终都在于怎么有效地管理时间，而有效管理时间这件事跟人的智商并不直接相关，这是一个习惯问题。无论在考场上，还是在平时的学习中，全部都在于人们怎么有效地管理时间。

所以我一直说，有件事情，上天对所有人都是公平的——人的一天只有24个小时。我很注重学习效率，因为我小时候很爱玩，要去踢球，又要去游泳，还要看武侠小说，觉得人生有很多美好的事情。真的一天24个小时都忙不完，觉得不够用，怎么办？当时家里要求又很严格，又要把学习搞好，又想去享受人生，那就只能把学习效率提上来了。

所以，一个专业的教育机构，就要找到真正适合孩子的方法，因为选错方法很麻烦。还有一个问题是孩子有没有自信，家长或者老师要做的第一件事情，就是让孩子感觉到他被肯定，当发现他有一些小小的进步时，无论是分数还是他的学习方法、技巧或习惯方面，都及时给他肯定，让他做每一件事情要比原来好很多。兴趣是最好的老师，怎么能引起孩子兴趣？就是让他感觉到他在取得进步，他做得比原来更好，就算他最终在某件事情上做得不是很完美，但他还是比原来好了很多。

只有让孩子拥有自信，取得进步，他们才能萌生对学习的兴趣

方亭：说到肯定的力量，我自己身边有一个例子。我家小朋友画画其实非常好，但是体育还是很弱的，他不喜欢体育。如果我让他去上画画课，他会兴高采烈的，但是如果让他去踢球，他就想尽各种办法不去。我一直在想，可能他就是一个艺术型的孩子，后来我明白了，其实不是，是因为他在某一个方向上没有得到肯定。在画画的时候，老师特别喜欢他，他就会产生兴趣。而为什么他不喜欢踢球，不喜欢运动？因为他长得不是很高大，他在运动场上往往不是最优秀的，而是被忽视的那种孩子，或者是永远跑在最后的那个孩子，他找不到自信，所以那个时候他就会想退缩，但我更认为这是心理层面的问题，就像你说的要去肯定一个孩子。

张熙：举个例子，你现在要去跳广场舞了，如果你能学得更快一点，是不是你也会更有积极性？因为你跳得比大家都好。如果你一直是场上跳得最差的那一个，你还有积极性去跳吗？

所以我们的教育理念是，任何一个孩子进了我们的学校，即使学习成绩再差，我们也要寻找他身上的闪光点，语文不好数学要好，数学不好英语要好，如果什么学科都不好，篮球要打得好，即使篮球不好，游泳游得好也行。我们总能找到他的闪光点，首先就从这一点开始，让孩子找回自信，在自信的基础上让他知道，他不像他自己或者别人认为的那样不行，其实他有很多事情很在行，因为他的潜力有很

多还没有被激发出来。

每个人的潜能往往都只能发挥出20%，而达到卓越的要素就是不断地被认可

大部分人的潜力终其一生只激发出20%，很多著名的演员和著名的运动员，天资肯定比一般人强，但之所以能达到某个高度，是因为他不断被认可，他感觉在做一件很有成就感的事情，他的潜力被全部激发出来了。

方亭：所以培养孩子的兴趣有多么重要！

张熙：兴趣是最好的老师。

方亭：熙蕾，在有孩子之前，你可能一直处于工作状态，大家也非常熟悉你，你是一个很成功的影视演员，有那么多的作品。可是有了孩子之后，是不是拍戏就少了？你会不会觉得，“我为了这个家，为了这个孩子，放弃了很多的机会”？

林熙蕾：不会，因为如果我是为了工作放弃孩子，那我现在什么都没有了。我也知道其实小孩子到十几岁之后就不属于我了，因为他们有自己的朋友，有自己的生活，再到大学毕业时，有自己的社会（关系），有自己的工作和家庭，就像我们现在一样。所以我真正能珍惜的就是这10年或者是更短的时间，况且现在小孩子都比较早熟，这短短的10年之后他就不属于我了。

就像我父母年轻的时候，我们一家有5个人，我们的全家福中有我们家5个人，我爸爸妈妈，还有我的哥哥跟妹妹。现在我的全家福却中只有我跟我先生，还有我的两个女儿，没有我父母在里面，听起来就好难过。他们以后也是这样，他们去拍全家福时可能不会想到我们，他们有自己的家庭了，所以真的要珍惜他们现在还会烦你、会黏你、会吵你、会在你面前争吵，我觉得那些时光是最珍贵、最快乐的。

要珍惜能陪伴孩子的时光，孩子会长大，也会拥有自己的人生

我觉得不用那么急把小孩子推出去，因为很快他们就独立了。我觉得我有时间、有机会去陪伴孩子时，我就要好好珍惜，就像我不想错过她们第一次讲话、第一次走路，如果当时我不在她们身边，她们的很多的第一次我就错过了。每个人的生命中都有一些遗憾，我可以找别的工作，可以拍另外一部戏，但是我的孩子不可能再重新成长一次，也许一刹那她就属于别人了，尤其是她结婚和生小孩后，也就不属于我们了。

人生都有遗憾，但孩子却只会长大一次

方亭：谢谢熙蕾让我们看到了一个很伟大的妈妈，毫不犹豫地选择去陪伴孩子而放弃其他的事情，也就是那些看似是荣耀、是光环的东西。

母爱的伟大就在于，可以为了孩子放弃一切

专家点评

个性化教育植根于对学生个性尊重的基础上，它将传统的以教材、教师为中心的教育，改变为以学生为中心、真切关照到每个学生的潜能开发、个性成长的发展式教育。

1. **个性化教育是因材施教的教育。**人人有才，人人可以成才是我们教育的理念，所以教育要依据不同学生的发展基础、能力特长、个性特点和兴趣爱好展开，才能取得应有的成效，否则只能“事倍功半”，即使花了很大力气，效果却可能不如人意。

2. **个性化教育是激励的教育。**学生的发展不仅是在学习成绩方

沈之菲

上海市教育科学研究院教授，上海学生心理健康教育发展中心副主任，上海市中小学心理辅导协会理事长。国家二级心理咨询师，学校高级心理咨询师，上海12355中心资深心理咨询师。

面，更重要的是对人格的完善和内在潜能的激发，所以个性化的教育更是潜能开发的教育。应在学生的学习过程中注入发展的动力，让孩子习得人际交往与社会适应的能力，为幸福人生奠基。

3. 个性化教育是让学生从有趣到志趣的教育。学生的学习需要其投入兴趣，需要激发其创造性思维。个性化教育是在学生乐趣的基础上养成兴趣，再通过培育和拓展，形成个人的志愿，为个人的职业选择和终身发展服务，所以个性化教育是促进学生终身发展的教育，最终成就学生的精彩人生。

案例分析

有一位刚进入小学的小女孩，她的妈妈来电表示自己很焦虑。听老师反映，她的女儿在课堂上的学习习惯很不好，上课经常玩东西，不听讲，还切橡皮、撕纸屑。回到家里写作业时也是一会儿吃东西一会儿上厕所。家长想着是不是孩子对学习完全没有兴趣？还是学习习惯没有培养好？不知道有什么方法能够培养她对学习的兴趣，让她快速养成好的学习习惯。

家长习题：

1. 孩子在自己喜欢的课上表现如何？

2. 父母说孩子学习习惯特别差，具体表现在哪些方面？

3. 孩子在做练习时，是否容易出现漏题、跳行等问题？

解决策略：

幼儿园的教学以游戏为主，而小学阶段的教学则50%是讲授，50%是老师板书和课本学习，对孩子的专注力有了一定的要求。因此我们首先要评估一下，孩子是因为还没适应小学生活，还是因为学习压力过大而导致要靠切橡皮、撕纸屑来减压，还是确实存在一定的专注力问题。

1.对孩子进行判断。一般来说，经过一个学期的学习后，孩子已基本可以适应学习节奏了，如果孩子还没有养成良好的学习习惯，且问题依然比较严重的话，可以带孩子去专业的医院做专注力评估，再针对具体问题找到解决办法。

2.行为训练和心理支持。如果孩子只是没有养成良好的学习习惯，或对学习没有兴趣的话，可以用行为训练来帮助孩子养成好习惯；同时父母要给予孩子更多的陪伴和支持，缓解孩子的情绪，减轻压力，培养兴趣爱好。

必要时可以求助学校的心理老师，给孩子更多的心理支持。在明确孩子需求的基础上，帮助孩子提高自控能力，培养孩子规律的生活和良好的学习习惯，让孩子学会与人交往，增强孩子的自尊心与自信心。相信在这样的行为训练和有效的心理支持下，孩子一定会获得较大的改善和进步。

（上海12355心理咨询师　王慧）

10

陪伴是最好的教育

——与陈光对谈

教育有情

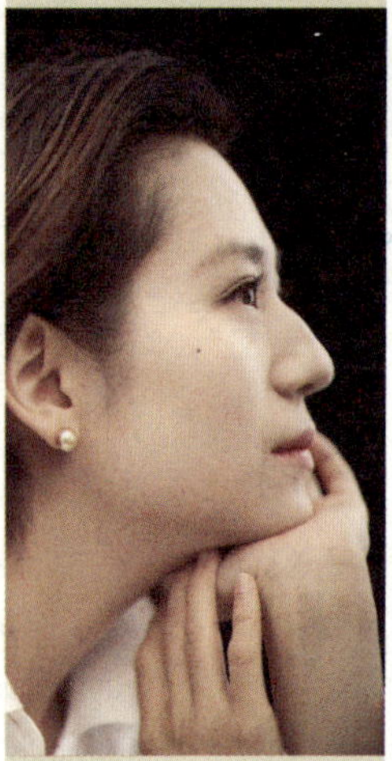

方亭说

我记得《朗读手册》一书中有这样一首诗:

你或许拥有无限的财富,

一箱箱的珠宝与一柜柜的黄金,

但你永远不会比我富有,

因为我有一位读书给我听的妈妈。

家长与孩子一起阅读带给孩子的不仅仅是有趣的故事和丰富的知识,而且会在孩子的心中种下一颗种子,激发他们对阅读的兴趣,养成他们读书的习惯。

儿时的那一段曾与父母共读的幸福经历也将会成为照亮孩子未来更多可能性的光。陪伴是全身心融入孩子的内心世界,是真诚的接纳和欣赏,是给孩子满满的安全感和正能量,是建立起与孩子沟通的桥梁。

愿我们的家长都能够用爱陪伴孩子,陪他们慢慢成长。

星空演讲

今天，我们讨论的主题词是——陪伴。作为父母，陪伴孩子成长应该是人生中最幸福的时光，但是有的时候我们不禁要问，我们看似是在陪着孩子，我们是在真的陪伴吗？还是仅仅是陪着呢？可能很多家长听到这个主题时都会觉得，“这很容易做到，只要我有时间我都会陪着孩子”，但是我想问问各位家长，你平时是怎么陪孩子的呢？当孩子在参与新的体验的时候，你是陪他一起探索，还是在旁边自顾自地看手机？

网上有一个小学生写了这样一段文字，他说：“世界上最遥远的距离是我和你在一起，而你却在一直看手机。”寥寥数语却透露出孩子内心深深的孤独感。陪伴不是陪同，不是看管，不是物质满足，更不是说教和监督，**陪伴是一种暖心的力量，是一种给人依赖的依靠，陪伴是最长情的告白，也是最好的教育**。但陪着并不等于陪伴，只有走进孩子的内心世界，让孩子感受到父母的爱，才是高质量的陪伴。

今天来到我们现场的嘉宾，他从事儿童出版20年，所编辑的刊物为众多家庭送去了启迪良方，他通过十几年的亲身体验，洞悉家庭教育中的关键问题，以身作则带领孩子找到幸福阅读的方法，他就是本期星空演讲的嘉宾，中国家庭教育学会宣传教育专业委员会理事长，《中华家教》杂志社的社长、总编辑——陈光。

陈光

毕业于北京大学，现任中国家庭教育学会宣传教育专业委员会理事长。任权威家庭教育类期刊《中华家教》和亲子养育类期刊《父母世界》杂志社社长、总编辑。出版《好沟通成就好孩子》《决定孩子一生的四种能力》等多种家庭教育类图书。

陪伴是最好的教育

陈光星空演讲

大家好，我是陈光，非常高兴来到这里跟大家一起聊聊父母在孩子成长过程中所起到的作用。近两年经常有朋友跟我说，不谈学习母慈子孝，一谈学习鸡飞狗跳。我也是一个家长，我也会遇到相同的问题，但是我认为，孩子学习不好或者不爱学习不是孩子的问题，是因为学习的东西不是他感兴趣的。**爱因斯坦说，兴趣是最好的老师。**一个人一旦对一件事产生了浓厚的兴趣，他就会主动去求知、去探索、去实践，并在求知、探索、实践中对所做的事情产生深深的感情和丰富的体验。

通过兴趣培养孩子的能力

我的儿子有很多的才能都是在兴趣中引发出来的。在我儿子两岁的时候，他开始对厨房大有兴趣。大多数家长可能会说，厨房是一个禁地。我家在孩子3岁的时候，就向他开放了整个炉台，每次在做饭的时候，我都会搬一个小板凳放在他边上，让他站在板凳上看我煎炒烹炸。每一道佳肴，我们都对它的历史、地理、文化、典故进行一一讲解，这些不光增长了他的能力，更重要的是让他有了能做成事的信心，有一句话叫作“**信心比金子还重要**”。一个孩子的兴趣要变成他的能力，是需要爸爸妈妈的陪伴和引导的。

我再说一个我跟儿子坐地铁的例子。我儿子是个地铁迷，北京的地铁他换乘起来绝对比地图还灵光，而这是我们全家共同赋能给他的。记得第一次我们一起坐地铁时，孩子对地铁上的很多东西都非常有兴趣，我就抓住这个机会让他去车厢里找找规律。在慢慢的引导下，他发现原来门上有个指示灯，当这个指示灯亮的时候门就会开，他非常高兴；在地铁上，通过认识站名，几百个汉字在不经意间已经被他掌握，学习还非常非常主动。让孩子能够学会思考，能够知道自己的兴趣是什么，并能够坚持、坚守，正是他成长中必须拥有的。

对待孩子的兴趣，父母要积极引导并陪伴他坚持

孩子小的时候就像一张白纸，可塑性很强，在成长过程中，父母如果帮他形成了习惯，就像天生的一样，会让孩子一生受益匪浅。很多的家长都希望孩子将来能成为一个读书人，但是读书的愿望孩子不是天生就有的，要想让孩子养成阅读的习惯，最重要的时期就是童年时期，这就需要有人去引导，这个责任自然落在父母的身上。

父母的陪伴可以帮助孩子从小养成阅读习惯

前年夏天我儿子要读一本书，叫《最美的四季》。这本书里有很

东方卫视
教导有方
把阅读和游戏结合起来，
才能让孩子真正喜欢阅读。

东方卫视
教导有方
兴趣是最好的老师。

东方卫视
教导有方
教导有方
陪伴孩子不以时间长短取胜，
而是以陪伴的质量取胜。

教导有方
阅读是孩子的权利，
要把选书的权利还给孩子。

教导有方
未来的孩子有电子阅读的要求，
但书香是不能替代的。

东方卫视
教导有方
你或许拥有无限的财富，一箱箱的珠宝和一柜柜的黄金，
但是你永远都不会比我富有，因为我有一位读书给我听的妈妈。

多讲四季之间不同的知识，可是仅仅看书很难体现出四季之美，于是我们就一起去公园。我带着儿子去捡不同的树叶，有黄色的树叶，有绿色的树叶，有半黄不绿的树叶，我们触摸小树，感受大树，在这个过程中，他知道了什么叫作“新生”，什么叫作“沧桑”。他理解了生命中不同阶段是有不同的美丽的，同时享受着自然的和谐，领略着美文中所讲的大自然的美好。

我们家就是这样享受着阅读的快乐。如果一个孩子对生活的一切都没有兴趣，从来没有走进过一个丰富美好的精神世界，从来没有苦苦思索过一个问题，他的成长就是不全面的。**好的教育就是培养孩子丰富的兴趣，使之内化为孩子的学习愿望。没有学不好的孩子，只有不坚持的父母。**让我们与孩子一起找到他们的兴趣，用我们全心全意的陪伴、永久的支持，让孩子在未来绽放出成功的笑容。

谢谢大家！

嘉宾对谈

访谈嘉宾：朱嫘

国家二级心理咨询师

方亭：谢谢陈光老师刚才精彩的分享，同时也欢迎心理专家朱嫘老师做客我们的现场。

今天我们一起来聊一聊有关孩子教育的问题，特别是对于孩子的陪伴。其实刚才我听到陈老师在分享过程中说到您是怎么陪孩子的，我心里就在想，做您的孩子真的是太幸福了，陪他一起做这么多的事情，而且让他去体会、去尝试。您平时一般都是什么时间陪孩子？

陈光：其实我平时还是比较忙的，因为我管理很多的杂志，陪孩子的时间是有限的。但是我一直在想，不能因为忙就耽误了我跟孩子之间的交往，所以每天晚上七点钟之后，我肯定会回到家，因为我知道这个时间他基本上已经写完作业，而我们俩有时间可以去交流了。

我现在出差基本上不会过夜，有的时候当天去当天回，争取能够赶上他睡觉前跟他一起说说话，或者第二天早上起来，当我们一起吃早饭的时候，我们可以聊聊天，我很重视与孩子在一起的时间，想用更多的时间去陪伴他。其实在我们俩相处的时间中能做很多的事情，有的时候我也是在工作，但是我会告诉他，我做的这件事情到底是在干吗。其实他也在“工作”，我说“你的学习跟我的工作在性质上实际上是一样的”，所以我们家有两张书桌，他有一张书桌在我隔壁，我有一张书桌紧挨着他，在他写作业的时候，我绝对是在做我自己要做的事情。

我很少去说教，我更愿意用我的做法去影响他，我也希望所有的爸爸都能够努力，让孩子感受到父亲的存在。

方亭：但是好像现在很多的爸爸都很忙，父亲角色的缺失会给孩子带来什么样的影响呢？

父亲的陪伴对孩子的成长至关重要

陈光：爸爸在孩子整个的成长过程中有着不可或缺的作用，因为有很多男性身上的品质只有爸爸有，妈妈有温柔，爸爸有坚毅的品质。每次在我们遇到困难的时候，我都会说一句话，“没关系，往前走，有爸爸陪着你呢”，他的内心就会获得一个暗示，“没事，这事我爸能支持我”，所以他就敢于去尝试。

父亲就像“扶手”，给孩子支持和保护

陈光：我在家里给自己的定位是“扶手”，因为我们家住塔楼，平时都坐电梯，但是楼里都有一条逃生的楼梯，那个安全通道里还有一个布满了灰尘的东西，叫作扶手。每次走黑洞洞的楼梯往下跑的时候，我都会扶着那个扶手。几乎什么都看不见的情况下，人为什么敢跑？因为人要摔倒的时候，这个扶手你触手可及，你可以抓住那个扶手。也就是当我儿子需要的时候，他知道爸爸在哪儿就可以了，所以我给他的影响就是：我能陪伴你，我能够让你感到安全。

朱媒：这种安全感代表的是一种力量，很多孩子如果缺乏父亲的支持，他出去的时候会表现得比较内敛、比较自卑，会比较容易脆弱，在跌倒的时候不是很能够立刻爬起来，这种力量感他是缺少的。而且，我觉得爸爸和妈妈陪伴孩子还是有很大区别的，妈妈通常会保护得多一点，但是爸爸就有一种探险精神。在生活中也好，在学习中也好，遇到一些难题，他也很愿意去挑战，不会去逃避。我觉得这是父亲的陪伴能够带给孩子的，这是妈妈没办法弥补的。

父亲的陪伴能够带给孩子战胜挫折的勇气

方亭：朱老师，您有几个孩子？

朱媒：两个孩子。

方亭：他们两个都多大了？

朱媒：大的上五年级，小的读幼儿园大班。

方亭：那您平时工作会不会很忙？有时间陪他们吗？

朱嫘：刚才陈光老师说得很好，陪伴孩子并不是以时间的长短决定的，而是以陪伴孩子的质量来取胜的。可能对于低年级或者幼儿园阶段的孩子，身陪很重要，但随着孩子年龄的增长，心陪会更加重要，就是孩子能够感受到来自爸爸妈妈的爱。其实最重要的陪伴就是让孩子能够自己陪伴自己，或者即使爸爸妈妈不在身边，他依然能够感受到爸爸妈妈的爱浇灌在他身上。

我也经常出差，我记得我大宝读一年级的时候，我有一个多星期都在外面，在各个不同的城市讲课。有一天他给我打电话说："妈妈，我想你了。"一般的家长都会说："妈妈也想你，妈妈明天给你带上礼物一起飞回来。"但是即便我们说得再温柔，孩子当时还是觉得和妈妈是分开的状态，所以我会用心理上的一些技巧让他感受到：妈妈在我的身边。

方亭：比如说呢？

朱嫘：心理学上叫次感元的方法。

小链接

次感元：当我们见到或者想到一个人时，脑袋里会出现一个面孔或声音，这些都是由更细小的资料合成的"印象"。

我跟他说："宝贝，妈妈并没有离开你，妈妈一直在你身边，你感受一下，妈妈的爱在你身体里的哪个位置，想一想。"然后我儿子就真的想了大概一两秒钟的时间，就说："好像在我心脏的旁边。”然后我接着让他去感受，我说：“你跟妈妈说一说，妈妈的爱是什么形状的，是方形的，三角形的，还是其他什么形状？”然后我儿子就说：“是五角星形的。”这个过程中其实也有一点暗示的因素在其中。然后我接着让他说：“说得更具体一点，是什么颜色的，摸上去是滑滑的，还是粗糙的，温度是烫烫的，还是暖暖的，还是冷冷的？”每一个问题他都答了一遍，答得越具体，爱的分量就会显得越深刻。

通过互动，让孩子把父母的爱形象化

朱嫘：然后我儿子就很兴奋地说：“妈妈等等，那我的爱在你身体里的哪个位置？”他就开始对我做同样的一个互动，我想在当时即便是挂了电话，他也能够感受得到，我的爱一直在他的身边，然后后面去睡觉，去玩游戏时，都可以感受得到，所以这就是“心陪”带给他的。

方亭：这种陪伴叫“心陪”，我们学了两个专业术语——“身陪”和“心陪”。现在存在一个问题，您有两个孩子，两个孩子是不是需要父母付出两倍的时间？您是怎么解决陪伴两个孩子这个问题的？

让父母的爱在两个孩子之间传递

朱嫘：能尽量两个一起陪就两个一起陪，当然，我会将更多一点的时间给大宝，他再把这种爱浇灌给小宝，这样就不容易出现吃醋或者争什么东西的情况，妹妹也能感受到又多了一个人给她爱。因为哥哥是会模仿的，比如，我下班回到家看到两个孩子，如果两个坐在一起可以一起拥抱，通常是就近原则，谁离我最近，我先拥抱谁。但是如果是分开坐的，我会先拥抱大宝，我会先抱抱他，对他说“妈妈回来了，妈妈可想你了”，其实一个拥抱真的能解决很多问题，大宝感受到了之后我再去抱小宝，久而久之小宝也能知道，“哥哥是大的，我是小的，我拥有更多人的爱，包括哥哥”。父母要言传身教，让大宝能够感受到更多的爱，他可以学到，“妈妈是这样爱我的，我也能够这样爱妹妹，或者爱弟弟”。

陈光：实际上就是这样，我们看到现在在很多家庭里，有老大，有老二，书包买一样的，衣服除了大小号不同，其他都一样，父母要给他们相同的爱。

我建议爸爸妈妈要给他们俩单独的时间，两个人同时拥有一样东西，就等于没拥有，不是形式上的那种均衡，一定是有针对性地给予每个孩子属于他自己的特殊的内心抚慰。

父母要给每个孩子单独的陪伴时间

方亭：对，其实在你刚才讲的几个故事中，我觉得有一个很好操作却特别有效的，就是陪伴孩子阅读。可能孩子有的时候更愿意去看一些电子产品，怎么才能够让孩子喜欢上阅读，启发他对书籍的兴趣、对阅读的兴趣呢？

陈光：小孩喜欢iPad（平板电脑）、手机是天生的，而且现在我们的阅读也不仅仅有图书这一种途径，我们准许未来的孩子有电子阅读的要求，但是书香是永远不能替代的。怎么让孩子爱上读书？是有方法的。孩子喜欢电子游戏，为什么？因为游戏好玩，但其实书也是有趣的，希望家长能把书也当成一个玩具，当成一个游戏。

让孩子爱上阅读的方法：把书当成玩具

陈光：有一本特别好玩的书，是法国的杜莱先生写的，叫作《点点点》，孩子拿着书这样摇一摇、拍一拍，特别喜欢玩。我跟成百上千个孩子玩过这本书了，没有一个孩子说不好玩的，他们说："我的爸爸妈妈怎么从来没跟我这么玩过？"所以我们还是要探索跟孩子一起玩书、一起快乐阅读的过程。

方亭：其实真的不仅是读文字，有的家长陪孩子读书时对孩子说"你看书上有红色、蓝色、绿色"等的话，这可能就缺乏了互动性。

父母要用互动的方式，陪伴孩子阅读

陈光：是的，我与孩子一起读了一本关于植物的书，我说："我们要不要一起试试来种这个东西？"他说："我们家有花盆，是不是在花盆里种？"我说："用花盆种就是常规的种，没有意思，我们要玩起来。"于是我找到一条我不穿的牛仔裤，再把牛仔裤剪了，不要裤腿，只留下那几个兜，我在那几个兜里面塞满了土，然后把种子放进去，我们俩就在这里面浇水，让植物慢慢长。到夏天的时候，兜里果真长出了垂下来的小草，他觉得很兴奋，说“原来花还可以在这里种”。所以还是应该把阅读跟游戏结合起来，这样才能让孩子真正喜欢上阅读。

方亭：所以，其实陪伴孩子阅读不仅仅是说，或者把故事读完就行了，还是有很多方法的，要跟孩子做游戏，让孩子有代入感。朱老师从一个心理专家的角度看有没有什么建议给我们？

采用快乐的陪伴方式，有利于培养孩子的阅读习惯

朱嫘：其实刚才两位的做法给到孩子最重要的就是快乐。游戏也好，互动也好，孩子在当时感受到了快乐，他可能会认为，其实我在读书的时候就是快乐的，他会把这种感觉代入到阅读中。还有一点，他能够感受到爸爸妈妈全身心地对他的关注，这种关注就是爱。很多孩子觉得，如果只是阅读的话，不一定能有那么强烈的快乐，或者被爱的感受，但是通过爸爸妈妈这样有方法的陪伴，亲子阅读的那种快乐、愉悦、温暖、被爱的感觉，会特别强烈。所以他会很乐意地拿着一本书，他只要拿起书，可能就会把那种感觉代入进来。

方亭：我知道陈光老师对选书是特别有经验的，您从事这方面的工作20多年了，而且又经常跟孩子一起进行亲子阅读，如果让您来给孩子选书的话，您会给他选什么样的书？

陈光：这个问题我觉得是一个不成立的问题，因为阅读不是我的事，是我儿子，是孩子自己的事，所以最好的选书方式，是把他带到

足够多的书面前，让他自己去选。我们现在强调儿童权利，即阅读是孩子的权利，我要把选书的权利还给他，让他自己去选。他选的书可能五花八门，不一定是我内心特别想让他读的，我可能会说，你要读四大名著，你要读点经典之作。要让他去选，因为他只有爱上读书，开始读书后，当他发现某本书挺好，想先读着，他已经养成了阅读习惯。那时我再帮他，我会说，现在我读了什么书，这本书我建议你去看看，哪一段我觉得很好，你看今天这件事情，我是这样想的，我看了一本书，这本书里是这样解释的，你要不要一起来翻一翻？我就会顺手从我们家书架上拿下一本书来。

让孩子爱看书，比看什么书更重要

通过这种方式，他会慢慢地发现，原来这本书比我以前读的那本书要高级得多，讲的要有意思得多，他慢慢地就会从阅读普通的书上升到阅读有价值的书。我们家长是一个逐步退出的过程，孩子是一个逐步去选择的过程。

方亭：我觉得陈光老师特别不容易，别说像您这样的大专家了，就像我这样的，我都忍不住会给孩子点意见，有的时候会忍不住觉得，孩子选的这本书真的没意思，还是我来帮他吧。

用更多的选择，提高孩子的阅读品位

陈光：这种时候我会说，“这本书我看了”，比如，大家常说的

《红太狼，灰太狼》这本，我其实不喜欢那本书，但是我没有硬性地说，这本书他不能读，而是找了一本特别好看的书，叫《草莓甜心》，我拿过来让他两本书一起看。我说：“你看这《草莓甜心》里面这个小姑娘多么漂亮，你看她的衣服是怎样搭配的，穿的是多么的舒服。”他会说：“真的爸爸，我觉得确实是这样。”就这样，灰太狼那红色的、黑色的像城墙似的衣服，他就再也看不上了，他自然就会比较出哪本书好看，哪本书更好。

方亭：我们聊了很多关于陪伴的故事，其实每讲到的一个小故事，看似是我们生活当中很常见的一件小事儿，但是我们内心都可以感受到那种满满的感动，我想这可能就是陪伴的力量。

今天我们的主题说的是——陪伴是最好的教育，其实很多时候不在于我们的言传身教，而在于我们陪着他，给他力量，给他爱。

专家点评

本篇探讨了父母对孩子的陪伴与教育的话题。陪伴是家长的必修课，父母的陪伴就是要引导与激发孩子的兴趣，特别是父亲的陪伴至关重要，父亲要像“扶手”一样给孩子以支持和保护，父亲的陪伴能够带给孩子战胜挫折的勇气。对于多子女家庭来说，则要通过亲子互动，让孩子把父母的爱形象化，让父母的爱在孩子之间进行传递。

这些观点对于改善目前许多家庭由“监督式”陪伴所导致的亲子关系紧张或对立等问题都是非常有启发意义的。

点评专家：卢会志

华东师范大学心理学博士，复旦大学社会学博士后。上海12355中心理事，上海青年管理干部学院（上海师范大学青年学院、上海团校）青少年工作系主任、副教授，中国心理学会心理学普及工作委员会委员，上海心理学会心理咨询与心理治疗专业委员会秘书长，“国家心理咨询师”资格考试考官。

俗话说，父母是孩子的第一任老师，父母在陪伴中教育孩子要做到以下几点。

1. 注重言传身教，发挥榜样的力量。要求孩子做到的事情父母首先要做到，要求孩子不能做的自己坚决不做。

2. 注重寓教于情。父母要把正确的世界观、人生观与价值观在与孩子的互动中通过情感表达的方式潜移默化地传递给他们，而不是生硬地说教。

3. 注重寓教于乐。要在亲子游戏中引导和激发孩子的学习兴趣。

4. 注重发挥勇气的力量。在孩子遇到困难与挫折时要给予他们有安全感的支持，增强孩子战胜困难的信心与勇气。

只有这样，才能把陪伴当成最好的教育。

案例分析

王女士的孩子今年刚刚结束幼儿园生活，即将步入小学。长期以来，儿子都和妈妈、奶奶生活在一起，爸爸常年在外地做生意，回家陪伴孩子的时间特别少。王女士发现儿子身上一点都没有男子汉气概，喜欢耍小脾气，特别爱哭，比女孩子都多事，这种情况会不会是因为没有爸爸经常在身边陪伴导致的呢？我们该如何改善这种缺少父亲陪伴的情况呢？

家长习题：

1. 孩子平时是怎么表达情绪的？他耍脾气、哭闹的时候，家人是怎么反应的？

2. 你面对孩子爱哭、有些“作”是什么感受？你平时是如何看待“男子汉气概”并对孩子进行培养的？

3. 爸爸不在家时是如何与孩子和家庭保持联系的？如果工作暂时无法调整，可以做哪些事情增加亲子联结？

解决策略：

首先，家长要接纳孩子的情绪，保护的同时也要更包容。不少家长面对男孩哭闹时会说“男子汉不能随便掉眼泪”等话，但哭泣也是一种情绪的表达方式。家长需要接纳孩子的情绪及孩子自身的特点，鼓励孩子通过语言表达情绪，待情绪平复后再讨论或向孩子展示应如何做，这样孩子才能学会克服困难，变得勇敢自信。

所谓“男子汉气概”，并不是不哭不闹，而是哭闹后还能继续探索，有目标、有责任、有信心、有力量。这些品质的培养的确需要父亲的参与，但如果家人在互动中能展现出开放的胸怀和力量，也能让孩子敢于探索、勇于担当。

其次，父亲可以发展更多与孩子建立联系的途径。如今，科技的发达让亲子间的密切互动更为便捷，如果能经常和孩子视频通话，看看彼此的变化，听听孩子生活中的小事或遇到的困惑，适时地给予支持和鼓励，也是一种表达关心、给予孩子信心的方式。如果回到孩子身边时，父子间能有独处的时间，一起运动，一起开发喜欢并擅长的项目，对于培养孩子勇于克服困难、增强自信和力量感十分重要。

最后，家长也需要直面自我需求和夫妻关系。孩子出现问题的背后可能涉及自身的需要和整个家庭的发展。父母可以时常好好聊聊彼此的困惑、感受和想法，真诚的对话、和谐的关系对孩子的成长影响深远。孩子能在父母的互动和关系中观察到不同的角色分工，了解两性间的差异，也能了解自己是谁、能做什么，等等。

（上海12355心理咨询师　姚项哲惠）

11

如何培养一个人见人爱的小天使

——与王芳对谈

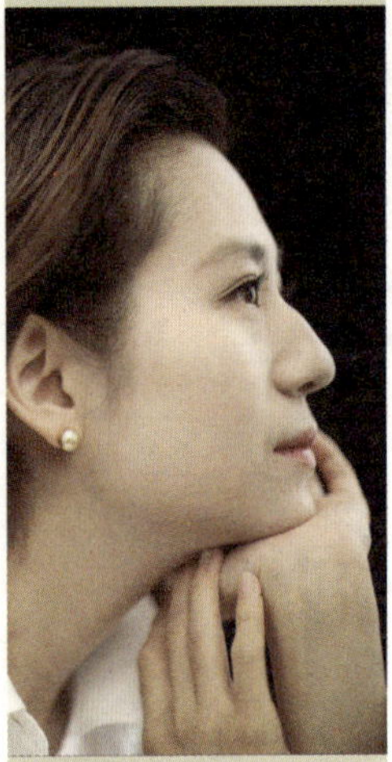

方亭说

我相信看过这期节目后，很多朋友都会特别有感触，原来说话这么重要！是啊，在语言中，会有我们的观点、我们的性格，更有我们的爱。估计现在的你马上准备和家人一起共进午餐了，小朋友们，别忘了和辛苦做饭的爸爸妈妈说一声“谢谢”，别忘了称赞一下妈妈的手艺。

每个人都希望得到他人的尊重，体现自己的价值，让我们教会孩子们用真诚去赞美生活，用爱来感受世界。

星空演讲

大家好，今天我们讨论的主题词是——如何把爱与赞美教给孩子。我知道现在很多孩子的学习压力很大，很多家长最关心的事可能是，孩子今天考试考得怎么样？但是我想帮助大家回忆一下自己的初心。当孩子刚刚出生的时候，如果我问你，你希望孩子长大以后成为一个什么样的人呢？我估计你不会说，“我最大的愿望就是希望他以后考试门门都得高分”，你大概会说，“我希望他性格阳光，善良，人缘好，每天都能够快快乐乐的”。

我们发现，在生活中，那些情商高、嘴甜的孩子更容易获得幸福感。当我带着孩子去朋友家做客，看着满桌的美味佳肴，孩子说，“阿姨辛苦了，您的饭做得真好吃”；当一起在运动场上的小伙伴受伤了，孩子能够冲过去扶起他说，“你没事吧，没关系，我们都在你身边”，这样的孩子怎么会不招人喜欢？怎么会没有好运气呢？

当我们付出一份爱与关心，当我们说出一句温暖的话语，回馈给我们的善意和温暖也会更多。如何才能培养出嘴甜的孩子呢？

今天我们请来的嘉宾，她从事着一个与语言相关的行业，在将自己的女儿培养成一个人见人爱的小天使后，她更将所闻所得编著成书籍来告诉更多的人，她就是今天星空演讲的主讲人，著名主持人，快乐学习的引领者——王芳。

王芳

主持人，节目制作人，畅销书作家，第一训练营创始人，北京妇女儿童发展基金会爱心大使。

曾主持《快乐生活一点通》，成为北京家喻户晓的“乐乐妈”；专为女儿创建了博客，并上传情感小文章，点击率近2000万。35岁时出版自己的第一本书《我是爱情科代表》，后陆续出版《一个孕妇三个帮》《给孩子的50堂情商课》等书，总结了关于情商的9字箴言——管住嘴，迈开腿，别后悔。

如何培养一个人见人爱的小天使

王芳星空演讲

亲爱的朋友们，大家好，非常高兴跟大家一起来分享一个话题，这个话题就叫作：为什么嘴甜的孩子更受人欢迎？其实在生活中，我和很多朋友一样，也是一个妈妈，我有一个12岁的女儿。我觉得**在一个人最终走向社会的时候，学习成绩只能代表人的一小部分特性和能力，更重要的是他的人格，是情商，是他做事情的态度。**我今天想跟大家说“嘴甜”这件事，其实嘴甜不仅是说我们见了人要打招呼，我认为嘴甜就是说话让别人舒服。

我讲几个我和女儿之间的故事。我曾经写了一本书叫《给孩子的50堂情商课》，之所以写这本书，就是因为当年我女儿出现了很严重的问题。她当时读小学三年级，学习成绩非常不好，因为那个时候我在创业，在她三年级之前我几乎没怎么关注过她的学习。学习不好就算了吧，这孩子还不会说话，因为我觉得我还挺会说话的。

我在2015年的时候得了一种病，叫支气管扩张，但由于我治疗延误了，导致我在医院里切了一叶半的肺，那一次发生的事给我印象非常深刻。我女儿去医院看我，她第一天来的时候，因为我浑身插的都是管子，她很害怕。但是过了三四天以后，她已经习惯这种环境了，于是她进来就问我："妈妈你挺好的吧？"然后继续说："妈妈我能在网上买个东西吗？""妈妈我能玩会儿你的手机吗？""妈妈我能干个什么什么事吗？""我能看会儿书吗？"我当时就有一种感觉，我们不能养出一个"小白眼狼"来，我们把全部的爱都给她，但是她却不知道怎么爱你。

培养孩子嘴甜，就是培养孩子表达爱的能力，就是培养孩子在交往中让他人感到舒适的能力

家长要想，孩子说的每一句话到底让我们成年人身边的朋友感到舒服吗？让你舒服就说明他的话真的很甜，但如果让你不舒服，你的心里得多难受！所以从那个时候我就开始注意孩子的情况，我决心要重新看待我的人生，要放下很多工作去陪伴她，因为我觉得在该陪伴她的时候没有陪她，导致她养成了很多不好的习惯。

父母的陪伴是孩子拥有高情商的关键

到今年我已经坚持4年了，我觉得是很有成果的。首先，我觉得她有了非常好的生活习惯，更重要的是她应该是我们朋友圈子里比较有礼貌的一个孩子。比如，我们一起坐电梯时，假如电梯就要关了，外面有人喊"哎，等等，等等"，我女儿一定会第一时间把电梯摁开，说"您快进，快进"；如果有一个人提的东西比较重，她一定会帮人家搬。这些可能和学习成绩并没有关系，但是我深深地认为，这是她将来成长路上最重要的东西，这就是一种生活习惯，这就是一种家

抱怨是情商的大敌，
爱抱怨会让孩子永远找别人的问题。

一个人走向社会，
学习成绩其实并不是最重要的，
更重要的是孩子的情商。

你能把他一辈子的荆棘全铲完吗？
如果不能，那就别这样做。

东方卫视
教导有方
从现在开始更加关注孩子的情商，
而不是关注他考了多少分，
那么您可能就胜利了。

东方卫视
教导有方
礼貌一定要在日常生活中养成，
不要指着他到该有礼貌的时候才要有礼貌。

东方卫视
教导有方
教导有方
特别高的我们不去巴结，但是生活条件不如我们，
一定要更客气的对大家，而且要客气100分。

教，或者再用今天时髦点的词来说，这就是情商。

我的女儿不是一开始就这么会说话，我觉得她也是渐渐成长的，尤其是小学三年级之后。很多家长说：“哎呀，我的孩子长大了，都这么大了，四五年级了，习惯根本改不了了。”我觉得不是，其实，家长首先要以身作则，再不断地去给孩子做示范，不断地给孩子一种刺激，家长就应该这样为人处世。

培养孩子嘴甜是需要时间的，是循序渐进的，同时是无论何时努力都会获得成效的

我们生活中有许多“Say No”型的人，什么叫“Say No”型的人？你跟他说一，他永远跟你说二。举个例子，不久前北京新建了大兴国际机场，有一次我坐车去机场，跟司机聊天。我说：“司机师傅，这大兴机场好远啊！”他说：“不远，这才哪到哪哦！”我一想，这还不远呢?！我一开始不知道他是这样的人，过了一会儿我们又说到别人的事，我说：“对，其实也不是特别远。”他又说：“哎哟，这还不远，多远啊！”

你会发现，他其实并不是真的要跟你聊天，他就是要反着说，所以我们一定不能培养这种“Say No”型的孩子，培养出这样的孩子，肯定不行。到了青春期，你跟他说“你别看手机”，他会说“我就看手机”；你告诉他“你要好好学习”，他却说“我就不好好学习”，培养这个孩子，你就会非常艰辛。

培养出一个“Say No”的孩子，会让孩子过早地变得叛逆

最可怕的是，我们这代八零九零后的女性都当妈妈了，因为八零九零后是独生子女比较多。很多孩子会把自己有个性的谈吐当作一种风格，现在网上流行“我怼你，我给你怼个跟头，这是我的本事，我就喜欢你看我不顺眼还干不掉我的样子”，大家都喜欢这样说话。但我觉得，不管社会如何发展，都是一个过渡，最终我们依然会回到和谐的场面，所以说话要让别人舒服。

把无礼当成个性的表现，不应该成为社会的常态

今天我们做这个节目非常有意义，我特别希望我们哪怕能说服电视机前100位家长，**从现在开始更加关注孩子的情商，而不是关注孩子这次考试考了多少分，那么家长可能就胜利了。**要让每一个孩子成为嘴甜的孩子，不是光会嘴甜地打招呼的孩子，而是成为一个说话让别人舒服的孩子。

谢谢大家。

嘉宾对谈

访谈嘉宾：陈旭

知名律师

方亭：刚才我听王芳在演讲的时候讲了一个话题——嘴甜的孩子更受欢迎，其实我觉得嘴甜只是一个切入口，更多的是我们怎样说话才能让别人舒服。

王芳：是的。

方亭：让别人舒服可能就是我们通常所说的情商高。

王芳：这个话题说起来好像挺简单的，但为什么那么多青春期的孩子会跟父母折腾，其实就是家长从小没有告诉这个孩子，如何才能让别人舒服。我自己现在在工作中碰到很多青春期的案例，都是小的时候家长特别注意学习，孩子必须学习好，天天抓学习，然后到了青春期才发现，他怎么出门从来没有跟任何人打过招呼，只会闷

头做自己的事，回到家以后连爷爷奶奶都不叫，你说一句他顶一万句。包括到了工作岗位上，老板说："来说说吧，今天这事是谁的责任？""不是我的责任，我跟您说一下，这跟我没有关系，这全是他的责任。"你说这样的员工老板能喜欢吗？

陈旭：刚才王芳说的我都同意，我们教育孩子时，他考多少分，考什么学校，我们固然在意，但更在意的是他的心理健康，他生活得愉悦与否，以及他有没有爱心，这都要由家庭、家长来教育。现在我们非常不喜欢那种熊孩子和熊妈妈，坐飞机时，孩子在那哭闹，家长也不管，而是放纵他，在把孩子惯坏的同时，也影响了别人。那么如果从小孩子接受一种爱的教育，而且根深蒂固，孩子有爱心的话，我认为很多的人际关系他都能处理好。

爱的教育能培养出孩子的爱心，而爱心能让复杂的人际关系迎刃而解

方亭：我记得王芳姐在演讲中说过，说一开始因为你工作比较忙，所以可能陪女儿的时间不是很多，但是后来你就下定决心，"我一定要多陪她"，然后在之后几年的时间里，一直在那么做。现在大家都知道您女儿是一个人见人爱的小天使，那么有没有什么方法或者你在生活中特意要做哪样的事情，才能培养高情商的孩子？

王芳：当然是有方法的，我自己总结了一句话想跟大家分享：管住嘴，迈开腿，不后悔。什么叫管住嘴？我经常跟我女儿说，"你所有的秘密都可以跟妈妈分享，妈妈绝不出去乱说"，做家长的一定要管住嘴，不能每天东家长西家短地聊天。

管住嘴：做孩子的“秘密树洞”，不将孩子的事情作为家长里短的谈资

第二步，什么叫迈开腿呢？迈开腿就是得有行动力，假如你是一个懒人，躺在那里天天只会说，嘴特甜，比如，“陈律师你好”，对方说“那你干点活吧”，你说“我不干”，这种情况下，情商再高也没有用。情商高的表现有一部分就是执行力非常强。

迈开腿：情商的重要组成部分是执行力，没有执行力，空谈情商就是空中楼阁

第三步是别后悔。许多妈妈特别喜欢做让自己后悔的事，导致孩子也受到影响，“老猫房上睡，一辈传一辈”。家长有时候会说“啊，我崩溃了，我得摔东西，我得砸东西”，折腾完自己却后悔了，而且同事之间一旦发生一点不愉快了就要绝交，这种人相处起来就特别可怕。

别后悔：家长是否能控制住自己的情绪，对孩子情商的培养至关重要

陈旭：不能说狠话。

方亭：所以爸爸妈妈的情绪稳定对于孩子情商的培养是特别关键

的，我们今天说要培养一个情商高的孩子，就要求家长在孩子的成长过程中，一定要以身作则。

王芳：举个例子，这是一种情商不高的典型表现。有些人开车时总说："怎么搞的，有'病'吧你？你怎么开车的？"他的嘴巴不停地在说，孩子会学到一种行为叫作抱怨，抱怨就是情商的一个大敌。

抱怨是情商的大敌，爱抱怨会让孩子在出问题时永远找别人的责任

抱怨的孩子嘴不甜，他总是在抱怨，说的都是苦话，这个孩子从父母的言行中学会了，问题都是出在别人身上的。

方亭：你说的这个问题我有亲身感受，因为我家有一个一岁半的孩子，如果他摔倒的话，外公外婆就说："哎呀，怎么摔倒了？这都是地的问题。"如果他头磕到了一个角，外公外婆会说："这个角怎么这么尖，把你给磕着了。"那么我们应该怎么教育孩子？"你自己要注意，谁让你走路不小心的，这些桌角没有主动过来找你，你要找自己的问题。"

王芳：当然。我女儿小的时候上幼儿园，是一所非常好的幼儿园。有一天我去接她，发现门口有一个老奶奶。幼儿园刚种了两排小柏树，长得还不高，那老奶奶拿着小铲，在那一棵一棵地把小树铲掉。我就问她："阿姨，你这是在干吗呢？"她说："这破树昨天把我孙子手给扎破了，谁在这种这些树，我全给他铲了。"我当时就跟她说："阿姨，您能把他一辈子路上遇到的荆棘全铲完吗？如果能，你就去做；如果不能，就别这样做。"

所以我觉得，家长如果没有教给孩子怎么去正确地面对问题，这情商怎么提高呢？将来孩子长大了只会抱怨，遇到问题就认为是别人的问题，那就麻烦了。

方亭：我儿子小的时候，有一次在电梯里面看见两个姐姐，然后他就说："姐姐，你们是要去看电影吧。"其中一个姐姐很腼腆地说："哦，对，是的。"然后他说："你看什么电影？"然后姐姐说她看的什么电影，我儿子又说："我也是看这部电影，你坐几排？你会不会坐在我旁边？"人家就会觉得，这个小孩很可爱，会说话，让别人觉得很有亲和力。

王芳：当然，其实会讲话是一个人非常重要的一种能力，我们在某个场合中会发现，有些人天生就是聚光灯下的那个唯一的人。

方亭：对，其实说到我们怎么去说话这个问题，我觉得有一个办法是很简单的，就是学会去赞美别人，当然是真诚地赞美，这样别人就会觉得心里很舒服。

陈旭：你不赞美别人，起码不要说不好听的话，任何人都会在负面语言中感受到负面情绪。我们将心比心地说，任何人说我们不好，我们心里都不会是愉快的吧？你说我好，我肯定高兴，我不要求你夸我，但你起码不要评论我，行不行？可能我因为各种各样的原因，今天情绪不好，我遇到挫折了，或者我家里发生什么事了，可能我没有像平时那样表现出我应有的一种情绪，如果你在这个时候在言语上再去雪上加霜的话，显然是不妥的。

方亭：所以说话的技巧特别重要。我们经常说，一句话说得别人笑，一句话说得别人跳，其实即使是同样的含义，可能不同的语言表达出来就会不一样。

王芳：对，我女儿五年级的时候写了一篇作文，因为她当时换了一位班主任，老师让她写一下——《我的新老师》，对老师有什么意见之类的都可以写下来。我女儿在作文里写：我的老师跟我妈妈同岁，有一张布满皱纹的沧桑的脸庞，关键是下面她还写了一句：一副忧国忧民的表情，一看就是先天下之忧而忧。

方亭：她想用这样的话来赞美老师，但是她有点用力过猛了。我记得有一本书叫《人性的弱点》，如果翻开之后去看，里面基本上都是在说情商的问题，而且情商中很大一部分都是在说人要怎样说话，怎样赞美别人，给别人以肯定。

王芳：是，尤其是对于服务行业的人来说更是如此。我总要求我女儿："你遇到妈妈，嘴没这么甜都可以，但是遇到楼下的保安叔叔，你一定要问好。"所以她在上下学时都会说"保安叔叔好，辛苦你啦"之类的话，我们小区的人都认识她。我总跟她说，他们更不容易。其实我的人生观就是：地位特别高的人，我们不去巴结，但是生活条件不如我们的人，我们一定要更客气地对人家，而且要客气到100分。

陈旭：其实有时候也有我们大人的问题。举个例子，你碰到在电梯里抽烟的人时会怎么办？如果你训斥人家，人家肯定很排斥，但如果你善意地说，“我们大家都注意安全，能不能把烟给掐了”，效果可能就不一样。智商也是情商，反过来也一样，我们跟孩子一起出去，如果我们身体力行，以这样文明的语言去处理一些问题，我相信对孩子也是有影响的。

王芳：对，我一般会给我女儿提供几种方法。第一种方法是示弱法。举个例子，我女儿跟同学发生了矛盾，我的方法很简单，周末的时候，会请几个家长一起来吃饭。到了家里以后我就跟我女儿讲：“你要先示弱，因为你示强没有意义。”其实对方能来，那个孩子肯定也是希望能够和好，所以我女儿就说：“你来了我真高兴，那天不好意思，都是我的问题。”对方立刻就会说：“我不对，我也有错。”这事就过去了。这就是我给她讲的第一种方法，叫示弱法。

第二个方法叫微笑法。你越是生气的时候，越不能横眉冷对；你越着急的时候，越要保持笑脸；当你出现了任何问题的时候，要笑着解决。

第三个方法就是自黑法——要幽默一点。

第四个方法是文字法。当你觉得不好沟通的时候，可以用文字来表达，过去我们都写信沟通，现在回来之后发个微信就好了。在发文字之前，不许随便就发送，必须从头再读一遍，要保证没有错别字，然后再发出去。哪怕你在跟同学发信息，人家也会觉得你很认真。有了这四个方法，再去解决很多问题的时候就游刃有余了。

示弱法：强者，懂得示弱，弱者，才喜欢逞强，适当的示弱是人际关系的调节剂。

微笑法：越是着急生气，越要淡定而微笑地面对。

自黑法：幽默是化解尴尬的最好方式，学会自黑是内心强大的极致。

文字法：当面对面沟通很难解决问题的时候，文字不失为一种好的方法。

方亭：对，这种小智慧都藏在我们的生活中，比如“懂礼貌”这个问题，这个看起来不是很简单吗？其实不然，其实它是在我们的生活中逐渐养成的。

陈旭：大家在朋友圈里一定看到过正反两个案例。第一个，有一个一两岁的小孩子，与妈妈一起出行，妈妈怕小孩在路上闹，就在座位上写个卡片给周边的人，或者给每个乘客发一颗糖果等，而实际上这孩子还没开始闹，这样的妈妈教出的孩子是什么样的？还有一种就像我刚才说的，熊孩子一路哭闹，那么对身边旅客的影响那么大，难道家长不愧疚吗？通过这两种行为和结果大家可以想象，这两个孩子长大以后各自会有什么样的表现。

王芳：礼貌一定要在日常生活中养成，不要指望他到该有礼貌的时候自然会有礼貌。在孩子一岁之内，就一定要告诉他，爸爸说话时看爸爸，妈妈说话时看妈妈。为什么一定要看着别人的眼睛说话？这个很重要，一旦养成这个习惯，到了学校之后，他自然知道老师说话时看老师，孩子就不容易走神儿。

陈旭：我们小时候没人教我们这个事情。

方亭：是啊，所以就推荐大家看《给孩子的50堂情商课》。

王芳：你看着别人说话这本身就是一种礼貌。

方亭：有的小朋友会遇到一个问题，比如有一段时间，如果你跟他说，“跟老师说‘老师好’”，他可能会不想说。我说，“你打个招呼说‘早安’”，他说，“我不要”，然后就跑了，像这种时候我们该怎么办?

王芳：这个情况一般会出现在第一逆反期，就是孩子在两三岁的时候，他并不是真的不想叫这个人，而是他只想逆反着来，别人说一，我必须说二。所以你不用跟他纠结这件事，不用非得给他拉回来说“你必须叫”，这样反而会起反作用。你要等他平静的时候跟他说，“下次咱俩比赛看谁先开口”，然后到了电梯里边，你给他一个心理准备，就说“妈妈要先说了”，孩子会说，“我先说”，于是就说“叔叔好”，家长要表现出“这次我又输了”的样子，还得假装不高兴。

小链接

第一逆反期：儿童在3～5岁会发生一系列心理变化，这个时期叫作第一逆反期。这一逆反期的反抗对象以父母为主，标志着儿童心理发展出现了独立的萌芽。

方亭：这就是生活的智慧，是吧？有很多小方法。

王芳：在这个过程中家长要激励孩子，当他做得对的时候，要激励他，所以得用合适的方法，而不是说“你不叫，我就收拾你”，那肯定是不行的。

方亭：所以做一个智慧的妈妈是多么重要！我们可能要更深层次地了解孩子的逆反期，同时思考怎样用智慧的方式去应对。

谢谢王芳，谢谢陈旭律师今天来做客我们的节目，说了说与孩子情商相关的话题。我们都知道，会说话的人、会说话的孩子才能拥有更幸福的人生，而且希望爸爸妈妈都能够从我做起，让整个家庭每天都沉浸在一个甜蜜的、其乐融融的环境中。

专家点评

培养出人见人爱、高情商的孩子是家长们的美好愿望，但是在具体实施的过程中，往往存在困难。尤其是当下孩子学业压力大，家长更注重对孩子个性的培养。在孩子成长的过程中，言语、行为的失当在所难免，关键是家长要如何捕捉教育契机，为孩子提供适时的随机教育。

1. 爱的能力需要家长有意识地培养。这种能力的培养没有太早和太晚之说，晚培养总比不培养要好。如果把无礼当个性，如果家长不培养，社会自然会替你去教，只是代价会比较高，学会比改正的效率高。

2. 表达爱需要得到正面的肯定。要让孩子形成良性的条件反射，让孩子在嘴甜中获益，这是养成高情商的固化剂。要让爱流动起来，让孩子感受爱，付出爱，让爱的能力慢慢生长。要想别人对你笑，你就先对别人笑，微笑是最好的名片。

3. 培养孩子在交往中让他人感到舒服是一种综合能力，对此，可以分步学习，拾级而上。

4. 家长是孩子的直接模仿对象，孩子就是家长的镜子。要想孩子嘴甜，家长首先要经常夸孩子，要做示范。孩子会在潜移默化中看到身边人的优点，会张嘴夸人，也更容易学到别人身上的优点。

寿国英

12355上海青少年公共服务中心心理咨询师，国家二级心理咨询师，有30年教龄的幼儿园教师，擅长家庭教育与学生心理咨询。获“上海市先进教育工作者”“上海市教育科研先进个人”荣誉称号。

5. 从大处着眼，从小事做起。嘴巴甜一点（说话让人听了舒服），眼睛眯一点（笑脸相迎），腰弯一点（手脚勤快一点），也就是“管住嘴，迈开腿，不后悔”。学会了这几点可以化解很多复杂的人际关系，提高孩子内心的幸福指数。

6. 为别人着想多一点，尊重不同的人群。心甘情愿地为别人做一点力所能及的事，看似在帮别人，实则为自己，助人后内心的快感足以回报那一点点的付出。人的利他性和互惠定律会让“说好话，做好事，成好人”变成人生的目标。

案例分析

林先生来电说，他的儿子今年上初中，孩子的学习主要是由妈妈在辅导，爸爸很少过问，孩子考试考得好的时候家长也没怎么夸过他，平时就一直觉得孩子自信心不足。林先生想问问咨询师，家长应该用怎样的方式去表达对孩子的肯定呢？家长希望在帮助他建立自信的同时，也能引导他给予他人肯定和赞美。

家长习题：

1. 您小的时候被夸奖和赞美过吗？什么样的夸赞让您感到愉悦，感到有自信？

2. 您平时很少过问孩子的学习，是不是也有想参与其中的想法？是家长觉得孩子自信心不足还是孩子自己觉得不自信？

解决策略：

有时候并不是家长不擅长夸赞孩子，而是父母自身在小时候没有被夸赞过，这样的家长自然无法在有了下一代后，给予自己孩子妥当的夸奖。育儿过程中，责备比夸赞多，有部分原因也在于我国的传统文化，我国历代都崇尚“棍棒底下出孝子”这种打骂式的教育方式，也许夸赞对我们中的很多人来说都很陌生。

上面案例中的爸爸有这个想法，想参与孩子的学习是件好事。而自信心的建立来自两个方面，一是来自外部的反馈，一是来自内心的自尊。

当一个人把一件事做成功了，外界自然会给予他一些积极的反馈，比如夸赞，这些反馈会帮助孩子增强自信、维护自尊。当拥有稳定的自尊后，即便外界没有给出正面的反馈，孩子的内心依然是笃定的，是相信自己的。这个便是自信心的两个来源。

因此，如果是孩子自己觉得不自信，家长要帮助他看到自己做得棒的地方，并肯定他的努力与付出，少夸他聪明，夸赞孩子聪明常常会让他觉得沾沾自喜，以为这都是天赋。当孩子得到来自父母真诚的赞美与肯定时，自然就会去赞美与肯定他人。如果是家长觉得孩子不自信，那么家长可能要反思一下，是不是家长对自己不自信了。

（上海12355心理咨询师　濮文菁）

12

如何做好“全人教育”

——与吴子健对谈

方亭说

到底什么对孩子才是最重要的？如果让我说我对孩子的希望，我希望他拥有一个快乐的生活，希望他能够与人友好地相处，希望他有几个一生都谈得来的知心朋友，能够做自己喜欢的工作，有幸福美满的家庭，还有感知幸福的能力。而这一切怎么来呢？都归结于他有一个健全的人格。

蔡元培先生说：“决定孩子一生的不是学习成绩，而是人格修养。”愿我们一起陪伴孩子成为那个完美的自己，享受成长的点滴幸福。

星空演讲

今天我想跟大家探讨一个主题：您觉得什么才是对一个孩子最重要的？什么样的孩子才会被我们评价为一个好孩子呢？是成绩好，还是性格特别好？还是品德特别好？比如他乐于助人，他真诚、善良，等等。你有可能会说，我都想要，我觉得都很重要，我希望能够把他培养成一个全才。

有这样一个案例：一个年仅13岁的女孩，她在国际青少年钢琴大赛中获得了冠军。刚听到这个消息时大家肯定会觉得，这孩子太棒了，小小年纪就取得了这么骄人的成绩，然而到后来大家才了解到，在好成绩的背后，是她的父亲在三年里抽了女儿400记耳光。

三年，400记耳光，我们不禁要想，一个平均两三天就要挨一记耳光的孩子，除了能够成为一个钢琴弹得特别好的人，她真的能够有乐观的性格、积极向上的人生观吗？也许，身体的伤痛很快就能够消失，但是心里的创伤是很难愈合的。作为家长的我们，要如何来塑造孩子健全的人格呢？

今天我们请到的嘉宾，他耕耘国际教育近30年，他认为，通过丰富多彩的学习活动，可以全面开发孩子的智力，坚韧的品格和健全的人格同样重要。他是上海市特级校长，是教育领域的前行者，他就是今天星空演讲的主讲人，上海包玉刚实验学校的校长——吴子健。

吴子健

拥有40多年教育经验，特级校长。原上海市建青实验学校校长，2010年起任上海民办包玉刚实验学校校长。上海市九年一贯制教育专业管理委员会原主任，上海市民办中小学协会原副会长。具备丰富的幼儿园、小学、中学教育的理论与实践经验，从20世纪90年代起从事教育国际化与双语教学的实践与研究。

如何做好“全人教育”

吴子健星空演讲

我是吴子健，来自上海包玉刚实验学校，非常高兴和大家一起来分享关于教育的话题。大家知道我们学校是以“全人教育”为办学理念的，下面我想来阐述一下全人教育对孩子成长所发挥的作用。

有一个故事发生在我们学校目前在读的一个高三的学生身上，这是他在读八年级的时候发生的一个故事。当时他和另外一个学生一起创作了一部小说，叫《光明与黑暗之书》，这本书通过描写19世纪发生在德国和法国两场战争中的两个士兵的心理活动，来展现当时那场战争的宏伟画卷。但是大家可能没想到，这个学生当初到学校的时候，并没有像我们现在所看到的那么阳光、那么自信、那么包容。

在小学的时候，他曾由于性格的关系而受到同学们的嘲笑，他到“包校”的时候，在所写的作文当中，展现了他当时在小学的这种心情。语文老师看了他的作文以后就对他说：“你为什么不能把你这种心情，放在研究历史的故事当中来创作一篇小说呢？”

这位学生受到这位语文老师的启发，就和另外一个学生开始了小说的创作。他们对这场战争——我们也叫它普法战争，非常感兴趣，在这场战争中，德国是反面，法国是正面，是光明的一面，而他们通过描写这两个国家的两个士兵的心理活动来展现战争的宏大场面。我们要看到，他在写这篇小说的时候并不是用我们通常认为的“光明就是一切都好，黑暗就是一切都坏”这样一种观点来描写这场战争的。

作为光明一面的法国士兵，他们也发现，在战场上有的人为了保存自己而不惜牺牲一个连队的生命；而作为黑暗一面的德国士兵，在很多时候，也能够为抢救自己的同伴而献出生命。甚至有一次，当有一个孩子进入他们的战区时，他们也不顾牺牲，把这个孩子抢救了出来。

这样一部小说，不仅能够把这场战争描写得就像我们所看到的一样，而且对人性的描写能够达到一个完全真实的、完整的高度。所以我认为，在当前，我们进一步强调教育要能够让每个孩子得到全面发展的同时，千万不要忘记，要顺应孩子的个性，要为孩子的发展创设广阔的舞台。

要培养孩子全面发展，也要顺应孩子的天性

东方卫视
教导有方
每个孩子都是独一无二的，
全人教育是尊重个性的教育。

东方卫视
教导有方
孩子首先应成为一个快乐的人，
一个有责任感、同理心，
能够看到他人优点的人，
只有懂得感恩的孩子，
TA才能够幸福。

东方卫视
教导有方
有些时候，一些小的事件，对一个人的影响会很大，
这个事件也许会激发孩子的向心力，
让TA朝着某一方向努力。

东方卫视
教导有方
我们在强调教育
让每个孩子得到全面发展的时候，
千万不要忘记要顺应孩子的个性，
要为孩子们的发展，
创设广阔的舞台。

东方卫视
教导有方
在整个教育当中，
如何让孩子感受到自己能够成功，
这点非常重要。

东方卫视
教导有方
决定孩子一生的不是学习成绩，
而是人格修养。

嘉宾对谈

访谈嘉宾：周瑛

著名主持人

叶国辉

著名作曲家、知名音乐人

方亭：谢谢吴校长刚才精彩的演讲，同时，我们还特别欢迎叶教授和周瑛来到我们的现场。叶教授是上海音乐学院的教授，也是桃李满天下了。我相信台下很多观众对周瑛都很熟悉了，她是东方卫视的新闻主播，今天周瑛来到我们的现场是作为一个妈妈的角色。

我想问一下大家，就像我刚才在节目开头说的，你们觉得孩子身上什么是最重要的？觉得成绩好是最重要的人请举手向我示意（观众举手），大家都觉得成绩要好；觉得性格好是最重要的举手（观众举手），大部分人觉得性格好很重要；觉得体育好特别重要的举手（观众举手）；觉得品性好最重要的请举手，比如成为特别真诚、很善良的孩

子（观众举手）。

我发现，大部分的家长认为什么都是最重要的，其实我也是这样。我们为什么要进行全人教育？我们为什么要培养孩子的完整人格？是因为这些人格对于孩子来说真的很重要。我知道“包校”特别提倡的理念就是全人教育。可能很多家长还不是很清楚，到底什么是全人教育。吴校长能不能来给我们说一说？

全人教育的定义

吴子健：我想全人教育的关键还是在“全”和“人”上面，我们的理念就是每个孩子都是独一无二的，所以在每个孩子进校的时候，我们会问三个问题，就是：你与别人一样吗？你有什么不一样？你喜欢和别人不一样吗？

这是我觉得最重要的全人教育中的“人”，然后在这个基础上再给孩子们全面的教育。

家长对孩子自我意识的建立和培养至关重要

当然，全面的教育并不是说每个方面都能让孩子得到发展，全人教育是尊重个性的教育，而个性得到发展的前提就是让孩子们感到幸福、自信、包容。所以有一段时间我们也让每个孩子进校的时候画两张画，一张是他满月的时候爸爸妈妈给他拍的那张照片，第二张画就是进“包校”前在幼儿园的一张画，然后把它们粘在一起贴在走廊里，当孩子们经过走廊时就会看到：我满月的时候和我进小学的时候看起来不一样了。

我们的美术老师教孩子们画画时，不是教孩子们人物的脸是怎样的比例，包括眼睛、鼻子、嘴巴的比例，而是要把孩子想画的，孩子最要画的画出来。所以在这种理念下孩子所画出来的画像和他的面孔可能有点不像，但是会把他觉得最能反映他个性的部分画得特别明显。

画自画像是帮助孩子提高观察力、发现自我的好方法

方亭：对，我觉得把照片贴在墙上是一个特别好的办法，周瑛的孩子就是在“包校”读书的。小朋友刚进学校的时候有没有给自己画两幅画？

周瑛：当然有，我女儿就画了一幅，画中她在头上画了一个角。

方亭：为什么在头上画了一个角？

周瑛：对啊，为什么画一个角呢？我说“这个不像你的自画像”，她说“因为我喜欢独角兽”，所以她给自己画了一双翅膀，她觉得有种飞翔的感觉，它代表能够飞翔的独角兽，这就是她心里的一种想法。那么我们为什么把孩子送进了“包校”呢？我们认同学校的理念，我认为孩子首先要成为一个快乐的人，一个有责任感、有同理心、能够看到别人身上优点的人，只有懂得感恩的孩子才能够幸福，才能够快乐。

方亭：我知道叶教授是上海音乐学院的教授，其实学音乐的孩子可能跟其他的孩子不一样，是不是您的孩子会更加有自己的个性？

叶国辉：其实都一样。能够发现自己的兴趣，尤其是在最初的阶段找到自己的兴趣点，我觉得这个特别重要。这一点对于儿童的学习，对于小学生乃至他长大以后，是否能够找到一个非常好的发展方向至关重要。我现在已经有两个同学，由于各自的兴趣点与专业没有对接成功而重新选择，其中一个到清华大学学了计算机专业以后，又回来考我们作曲专业的本科，就绕了好大一个圈。

找到孩子兴趣最直接的方式就是让他尽可能多地尝试不同的事物

方亭：那您觉得从小怎么样培养起来的孩子，才最有利于他今后的发展？

如何培养孩子的兴趣点

叶国辉：我刚才听到您说的那个关于400个耳光的故事，我觉得这个耳光好像还少了一点。

方亭：我们在台下也在议论这个问题，是不是学音乐的孩子都是这样苦大的？孩子们都得这样，经历几百个耳光，然后逼着自己一定要耐心才能把音乐学好？

叶国辉：这个问题我觉得要从多方面看，要多元地看。比如，练钢琴，没有一个小孩练钢琴时是很高兴的，是特别自觉的，这是不可能的，但是练钢琴有可能触发小孩的某个兴趣点。

在孩子不擅长某件事的时候，不要轻易给孩子贴上不感兴趣的标签

那些不大喜欢练钢琴的小孩，以后可能会成为数学家，成为文学家，成为科学家，这没有问题，但是正好有可能那些挨过巴掌的小孩，却因此成功了。因为我接触过好几个非常著名的钢琴家，他们都很感谢父亲当年给的巴掌，他们会说没有这些巴掌，就没有他们的今天，所以这个很矛盾。

喜欢某件事很容易，但想擅长某件事则需要努力

方亭：这其实是一个挺辩证的话题，想要达到成功的顶峰，人还是要经过努力和痛苦的历练过程的，要“饿其体肤，空乏其身，曾益其所不能”，只有这样才能获得成功，这可能是另外一个话题了。我知道周瑛的孩子也是学钢琴的。

周瑛：对，我们学了4年多了。

方亭：你平时在家怎么陪孩子练钢琴呢？

周瑛：我曾经尝试着陪她一起上过一次钢琴课，但是我发现如果我陪她的话，她对我会有很强的依赖，练琴的时候，她也会问我。因为我曾经学过一段时间的钢琴，所以明明这个音她前面会弹，后面却又问：“妈妈这个是什么？”她不会动脑筋，她对我产生了很强烈的依赖，从那之后我再也没有陪她练过一次琴。

对孩子有合理的期望，并理解和帮助孩子

对我来说，这只是培养孩子的爱好，我希望能够培养她的艺术审美，希望她能够懂音乐、享受音乐，所以我不希望扼杀她喜欢音乐的心情，当你在旁边拿着棍子陪着她时，她一定不享受。当然我和她之间也经历过这样一个过程，当时我们音乐学院有位老师让她去参加比赛，可是按照比赛的要求，每一个音她都要弹得到位，有音色、有音量、有表情符号，还有音乐所表现的理念是什么，当时的心情是什么，所有的内容对于一个7岁的孩子来说，其实是很难懂的。那么我就必须先弄懂，然后用我的语言传达给她，我对她说："艺术都是相通的，就像你说话，你的每一句话，都要换气。"但是孩子还不懂，她就只是一直弹下去，就因为这个，我们之间发生了很多的冲突。

方亭：对，其实刚才你说的这个问题就像我们节目开头也说过的那样，还是希望孩子能够在人生的长河中保有对音乐的热爱，他要真的欣赏音乐。所以有的时候，怎样让孩子的兴趣变成他的专长，也是很需要家长的智慧的。

找到孩子兴趣最直接的方式就是让他尽可能多地尝试不同的事物，并对孩子有合理的期望

要陪伴小苗一起去成长，去扶持他，我们就要做全人的教育。但其实家长可能会有一个疑问，现在孩子的学习成绩也很重要，那么学习成绩和人格教育两者可以共存吗？还是觉得是有取舍、有矛盾的？

吴子健：我觉得你提的这个问题非常好，我可以举个例子。有一次，我碰到一个一年级学生的家长，他说："吴校长你知道吧，昨天我儿子考完试回来以后告诉我他的成绩后，我就说：'儿子你考得不错，你有没有和其他同学比过？'"他的儿子很严肃地对他说："我们老师说了，你考完试以后不要去和其他同学比。"

不要比较学习成绩，学习是实现理想的重要途径

我们要鼓励孩子，所以我认为当学习成为孩子今后实现理想的途径时，我们所认为的学习的痛苦，对他来讲也是非常快乐的。那么我认为很重要的一条还是要培养孩子的自信，就是"我能行，我一定能够成功"。

在这么多年的教育过程中，我有一个体会，许多学生都跟我说，他回家以后先做的那科作业一定是最尊重他的老师的，而那些在教育教学方面——教育理念也好，教学方法也好——态度不好的老师的作业，他可能放在最后再做。

尊重孩子，给予孩子充分的肯定，培养孩子的自信心

事实上这就充分体现了，我们在整个教育中如何让孩子感受到他自己是能够成功的，我觉得这点非常重要。为什么我们这么重视体育、艺术、科技？因为有些孩子可能在学习方面一般，但如果他在科技、体育、艺术方面能够获得成功，也同样能够提高他的自信心。

方亭：吴校长一直在强调要鼓励孩子，培养他的自信心，但我觉得我们小时候好像没有接受那么多的鼓励，我们那个时候，经历的更多的可能是打击式的教育——永远让你知道你的不足在哪里。前段时间我还看了某电视台播出的一个教育节目，节目里有个孩子，说他妈妈对他特别严厉，从来都不鼓励他，但孩子成绩已经非常好了。然后他就问他妈妈：“你为什么从来都不表扬表扬我呢？”他妈妈说：“因为我要永远让你知道你的不足在哪里，这样你才能够进步。”所以对于鼓励式的教育，还是打击式的教育，你们怎么看待？

吴子健：从我们目前所接触到的情况来看，比较多的家长还是一种鼓励式的方式。有的时候，有些小的事件对一个人的影响也会很大。举个例子，在美国的西点军校有很多小孩会在地上捡帽子，我后来去查了他们为什么会捡帽子。后来得知，因为在西点军校的毕业典礼上，那些本科生毕业了以后会向空中扔帽子，把帽子扔掉以后，他们会慢慢地离开足球场，足球场上全部都是帽子，这时候会进来800个小朋友，每人捡一顶帽子，他们把帽子挂在家里，然后激励自己——“我以后要戴这顶帽子”。那么如果他对军事方面有爱好或者有潜在的意识的话，他看到这顶帽子后会有所触动，也就是说，通过这件事也许会激发出他的某种向心力，让他去朝着某一个方向努力。

比如，看到某一次展览，或者是看到某一个数学家的演讲，等等，都有可能通过其中某一个事件来激发他，可以让学生找到一种记忆，这种记忆可能会对他们今后的成长起到非常重要的作用。

鼓励式教育能潜移默化地塑造孩子的自信

方亭：我曾经做过一个反省，因为我的孩子不太爱吃饭，我就会在他吃饭的时候，把所有的好吃的都放在他面前。我父母就跟我说：“你不能这样，这样会把他变成一个自私的人。”他会觉得这些都是他的，就会变得比较自私。我们怎么能够让孩子没有这种自私的心理，去包容别人、帮助别人？

周瑛：说到这点，我就想到前两天我带女儿去参加她的一个好朋友的生日派对，当时有一盘鱼端上桌来，那个女孩说“你先吃”，我女儿说“你先吃，今天是你生日，你先吃”。我看到两个孩子特别美好地在互相谦让，我觉得这种行为和习惯可能就是平时润物细无声的教育。你跟孩子讲道理是讲不了的，只能是父母用行动去引导，因为孩子永远都是家长的镜子。

吴子健：我认为，我们学校的一个办学经验就是——从小事做起。所以我们设立了一个项目，就是日行一善。什么叫日行一善呢？就是每天给孩子们一个温馨的提示，比如，你要在这一天给同学们问个好。另外，我们也鼓励孩子们要去关爱每一个人，所以第一届的学生毕业以后，一共有三十几个孩子写了405封感恩学校的信，其中除了感谢理事会的领导、老师，还有不少孩子是感谢保安叔叔、感谢食堂里的阿姨、感谢保洁阿姨的，我觉得这也是非常重要的品质，就是让孩子学会尊重每一个人。

纠正孩子的自私，从尊重他人做起，让孩子做一个懂得感恩的人

方亭：我们经常说“上善若水，厚德载物”，希望我们对孩子人格的培养能够在他们的心中种下一颗小小的幸福的种子，而这颗种子会陪伴他们，让他们成为心中充满爱的孩子。

专家点评

现在的教育重申全人教育的概念，是因为当下的集体教育形式和考试制度有忽视人的个性的倾向。集体教育的优势较为明显，但在尊重每一个孩子的个性发展方面的缺陷也同样突出。尊重个体差异是集体教育永远无法回避的课题。

全人教育既要注重培养孩子全面发展，更要因人而异，成为尊重每一个学生个性发展的教育。

1. 顺应孩子天性。要在不同的方面、不同的时间点，有先后顺序地培养孩子全面发展的能力。家长要及时捕捉孩子稍纵即逝的闪光点，做孩子的第一个伯乐；要选择孩子的长项进行突破，帮助孩子发现自己的优势。等孩子建立自信后，再向其他方面迁移。

2. 帮助孩子发现自己与别人的不同，接纳自己与别人的不同，并很好地利用这些不同，进行个性化的学习，或改变，或提升。在相同与不同之间，让孩子感受“因为不同而精彩”的含义，感恩自己的努力，感恩友情带来的快乐，感恩父母的关爱，感恩老师的肯定与指导，也理解自身的责任。

3. 孩子成长的过程一定不会一帆风顺，做有兴趣的事也不会一直是快乐的。孩子一开始不擅长某件事，不代表他永远不擅长做这件

点评专家：寿国英

12355上海青少年公共服务中心心理咨询师，国家二级心理咨询师，有30年教龄的幼儿园教师，擅长家庭教育与学生心理咨询。获“上海市先进教育工作者”“上海市教育科研先进个人”荣誉称号。

事。这是成长式思维与固定式思维的根本区别所在。固定式思维的人一般会想“我不是这块料，努力也是白费”；成长式思维的人则想“我学了就可以会”。两种思维方式导致的现实结果大相径庭。

4. 好的教育中有鼓励，也会有惩罚。表扬和惩罚都要有好的收尾。父辈的梦想和期待能不能实现，就看家长的表扬和惩罚是否走心。要让孩子知道，克服小困难获得小快乐，克服大困难获得大成功。只要积极面对，苦也心甘。

5. 让孩子坚持学习需要三个要素：第一是自主性，家长要尊重孩子的意愿，让孩子自己想去学；第二是胜任感，家长和教师要创造机会，让孩子时不时地获得小小的成就感，从内心认可自己的能力；第三是要有被需要感，孩子要从他人的肯定中获得内心对自我的认可。让孩子体验努力的快乐，可以为别人带来好处，因为利他性是一种很崇高的情感体验。

案例分析

王先生最近很苦恼，儿子中考结束了，但成绩不是很理想，公布成绩那天，王先生很气愤，他没控制住自己的脾气，当时觉得儿子不争气，狠狠地训斥了儿子一顿。事后感觉这样责怪儿子会打击孩子的情绪，但自己又不知道如何缓解这种情绪和脾气，也不知道如何改善教育孩子的方式。孩子已经长大了，回想自己以前总是对他很严厉，担心给孩子的性格和人格方面造成不好的影响。现在他想认真地思考一下自己的问题。

家长习题：

1. 您有没有训斥过孩子？有没有因为控制不住自己的脾气而训斥孩子？您有仔细观察过孩子的反应吗？事后您又是怎么想的？

2. 家长们会因为什么而训斥孩子？训斥孩子之后有效果吗？下次还会遇到同样的情况吗？

解决策略：

相信很多家长都有训斥孩子的经历，轻则骂，重则打，而打骂孩子的初衷可能就是希望通过这种方式能让孩子长点记性，或者能让孩子好好学习。那么结果一定会有效吗？这是家长自己在宣泄情绪还是在引导孩子？这个问题留给家长朋友们私下去思考。

事实上，这种训斥方式是通过恐吓的方式对孩子产生威慑，让家长处于家中权威的位置，是自上而下地教育孩子。在这种不对等的关系中，孩子可能会因为害怕而去顺从家长的意愿，会好好学习。

但反过来想，读书学习是孩子自己的任务，而不是家长要他学，只有孩子真正想学时，成绩才会自然得到提高。逼迫的结果是反弹，在长大后的某一天，想起小时候，孩子一定会有诸多怨言，甚至会责怪是家长“毁了”自己。这恐怕不是我们家长想看到的结果。

正确的做法应是引导，要运用父母与子女间相对平等、互相尊重的关系来引导孩子。不要采用“孩子成绩好就奖励，不好就打骂”的方式，这样容易让孩子形成一种想法：我读书是为了父母。

至于王先生自身总是发生忍不住对孩子严厉地训斥、控制不住脾气的情况，则需要寻求专业帮助，要学习怎样管理愤怒情绪以及一些教育子女的技巧。

（上海12355心理咨询师　濮文菁）

本书特邀顾问团

上海12355青春在线青少年公共服务中心

12355上海青春在线青少年公共服务中心（以下简称“上海12355”）于2005年成立，是团市委下属的面向青少年的综合性、一体化、一站式服务平台。

在团市委、市青少年服务和权益保护办的领导下，上海12355组建了一支由600余名心理和法律专业志愿者组成的专业队伍，通过12355热线、12355青小聊网络咨询和丰富的线下活动，为广大青少年及家长提供心理健康、法律咨询、家庭教育、婚恋交友等十余类综合性项目服务。15年来，上海12355累计服务超百万人次，在全国12355平台中名列前茅，得到了党政部门和青少年以及家长的认可。

作为共青团下属的直接服务于青少年及家长的平台，上海12355希望能够凝聚更多社会力量，与我们一道，成为孩子们的青春守护者，为青少年提供心理和法律等方面的专业服务，回应和解决青少年和家长的需求，守护青少年健康成长。